AF602566

DES RAPPORTS

ENTRE

LA GÉOGRAPHIE

ET

L'ÉCONOMIE POLITIQUE

SUIVI

D'UN TABLEAU SYNOPTIQUE DES ÉCHANGES INTERNATIONAUX
SUR LE GLOBE

DISCOURS LU A LA SOCIÉTÉ DE GÉOGRAPHIE DE PARIS,

PAR M. JULES DUVAL,

Ancien Magistrat,
Secrétaire de la Société de Géographie pour l'année 1862-1863 ;
Membre des Sociétés d'Économie politique et d'Économie sociale ;
Membre correspondant de la Société impériale et centrale d'Agriculture de France,
De la Société historique d'Afrique et de la Société d'Agriculture d'Alger,
De la Société des Lettres, Sciences et Arts et de la Société d'Agriculture de l'Aveyron ;
Directeur de l'*Économiste français*.

PARIS

ARTHUS BERTRAND,
LIBRAIRE-ÉDITEUR,
RUE HAUTEFEUILLE, 21

GUILLAUMIN ET Cie,
LIBRAIRES-ÉDITEURS,
RUE DE RICHELIEU, 14

1864

DES RAPPORTS

ENTRE

LA GÉOGRAPHIE

ET

L'ÉCONOMIE POLITIQUE

SUIVI

D'UN TABLEAU SYNOPTIQUE DES ÉCHANGES INTERNATIONAUX SUR LE GLOBE

DISCOURS LU A LA SOCIÉTÉ DE GÉOGRAPHIE DE PARIS.

PAR M. JULES DUVAL,

Ancien Magistrat,
Secrétaire de la Société de Géographie pour l'année 1862-1863 ;
Membre des Sociétés d'Économie politique et d'Économie sociale ;
Membre correspondant de la Société impériale et centrale d'Agriculture de France ,
De la Société historique d'Afrique et de la Société d'Agriculture d'Alger,
De la Société des Lettres, Sciences et Arts et de la Société d'Agriculture de l'Aveyron ;
Directeur de l'*Économiste français*.

EXTRAIT DU BULLETIN DE LA SOCIÉTÉ DE GÉOGRAPHIE.
(LIVRAISONS DE SEPTEMBRE, OCTOBRE ET NOVEMBRE 1863.)

PARIS

ARTHUS BERTRAND,	GUILLAUMIN ET Cie.
Libraire-Éditeur,	Libraires-Éditeurs,
RUE HAUTEFEUILLE, 21	RUE DE RICHELIEU, 14

1864

TABLE DES MATIÈRES

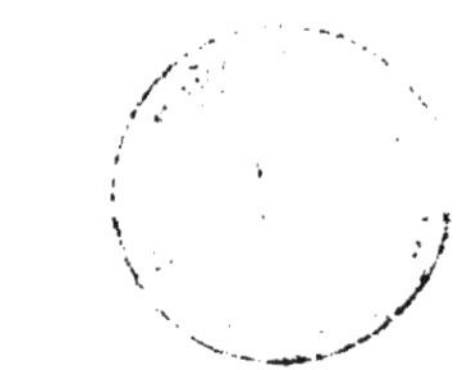

DES RAPPORTS

ENTRE

LA GÉOGRAPHIE

ET

L'ÉCONOMIE POLITIQUE (1)

DISCOURS LU A LA SOCIÉTÉ DE GÉOGRAPHIE DE PARIS,

DANS SA SÉANCE PUBLIQUE DU 1er MAI 1863,

PAR M. JULES DUVAL,

Secrétaire de la Société pour l'année 1862-1813.

> « Tout ce qui fait naître des variétés quelconques de forme en un point quelconque de la surface terrestre, que ce soit une chaîne de montagnes, un plateau, un grand lac, une steppe verdoyante, que ce soit même un désert, bordé, comme un rivage, d'une lisière de forêts, tout accident du sol, en un mot, imprime un cachet particulier à l'état social du peuple qui l'habite. »
> (Humboldt, *Cosmos*, t. I, trad. de Faye.)

Messieurs,

La géographie et l'économie politique sont deux sciences unies par d'intimes rapports naturels, toutes

(1) Une partie seulement du discours suivant a pu être lue en séance publique; nous le rétablissons ici dans son entier.

deux trop délaissées en France par la faveur publique, toutes deux dignes de prendre rang parmi les plus utiles. Un des meilleurs moyens d'obtenir pour elles cette sympathie de l'opinion, ne serait-il pas de doubler leurs forces en les associant? Les deux sciences étudient avec le même soin, quoique avec des méthodes et des vues différentes, le globe, ses produits, ses habitants, les rapports des zones et des climats, les œuvres du travail humain, les sociétés politiques : en se communiquant leurs observations, elles s'agrandiraient et se compléteraient sans se confondre. A ceux qui méconnaîtraient la fécondité de ses recherches, la géographie révélerait les précieuses informations qu'elle possède sur la puissance productive des divers pays; de son côté, l'économie politique, en étendant ses regards aux diverses contrées de la terre, embrasserait dans ses théories l'infinie variété des faits économiques, dont elle néglige aujourd'hui un trop grand nombre, par la contemplation exclusive des sociétés européennes.

Cette voie que j'indique dans la science inépuisable des rapports de la terre et de l'homme, si elle est peu frayée, n'est cependant pas nouvellement ouverte. Sur les traces d'Hippocrate dans l'antiquité, de Bodin et de Bacon dans les temps modernes, Montesquieu essaya, au XVIIIe siècle, de fixer les principes et les règles de la réciproque influence de l'homme et du milieu où il vit, dans ses fameux chapitres sur les climats, dont l'esprit plus rigoureusement scientifique de notre époque n'a guère respecté que l'idée générale ; Buffon éclaira le même sujet des splendeurs de son imagination et de son style. Quelques années plus tard,

Turgot ébaucha, dans le même esprit, un programme de géographie politique, dont l'ampleur de vues étonne aujourd'hui encore. Cabanis et tous les philosophes de l'école sensualiste s'attachèrent à la doctrine de Montesquieu, en l'exagérant même dans ses applications, mais en la rapportant à l'homme physique et moral plutôt qu'aux conditions économiques des sociétés. C'est en Allemagne surtout, et au XIXe siècle, que l'alliance entre la géographie et l'économie politique a été scellée; citons seulement deux grands noms : Alexandre de Humboldt et Carl Ritter.

De nos jours, l'utilité de ce rapprochement est de nouveau appréciée en France : elle est affirmée par quelques économistes (1); elle point chez plusieurs géographes. Un des plus éminents parmi eux, dont vous venez d'entendre la voix (M. Vivien de Saint-Martin), a écrit récemment dans un livre destiné à populariser la géographie (2) :

« Il y a entre la terre et l'homme des rapports qui influent tout à la fois sur le développement des individus et sur le rôle des sociétés; la géographie, embrassant du même regard l'homme et la nature, doit connaître ces rapports et en déterminer les éléments. »

Je partage entièrement cette conviction et j'y obéis

(1) M. Hippolyte Passy, *Mémoire sur les causes qui ont influé sur la marche de la civilisation dans les diverses contrées du globe* (*Mémoires de l'Académie des sciences morales et politiques*, t. V); et article CLIMAT dans le *Dictionnaire d'économie politique* de Guillaumin; M. Baudrillart, en ses *Études de philosophie morale et d'économie politique*, etc.

(2) *Année géographique*, 1863, p. 4.

en essayant d'esquisser, dans un premier chapitre, quelques aperçus de la solidarité des faits économiques et des faits géographiques, et d'appliquer ces vues, dans un second chapitre, à la solution rapide de quelques-unes des questions qui occupent nos contemporains. Dans ces aperçus, je laisse entièrement de côté le développement des individus sous le rapport physique ou moral, cette étude appartenant à des sciences particulières ; je me bornerai aux faits assez généraux pour rentrer dans le cadre de l'économie politique ou sociale, deux qualifications que, pour l'objet de ce discours, je puis confondre sans inconvénient.

CHAPITRE PREMIER.

RAPPORTS NATURELS ENTRE LES FAITS GÉOGRAPHIQUES ET LES FAITS ÉCONOMIQUES.

Ces rapports s'observent, sur quelque trait tant soit peu caractéristique de la surface du globe que l'attention se porte, sur les terres comme sur les mers, au voisinage du pôle comme sous l'équateur, en Orient comme en Occident : un rapide examen de chacun de ces traits l'établira.

§ 1. — *Les Continents.*

La division du globe terrestre en deux continents a exercé sur les destinées économiques du genre humain l'influence la plus décisive. Que sous l'action des causes qui ont formé notre planète, elle eût été agglomérée en une masse continue, au lieu d'être partagée en deux grandes sections séparées par le vaste Océan, la vie des sociétés humaines eût été très-différente de ce qu'elle est devenue, au point de vue du commerce non moins que de la politique. Tous ces grands courants d'échange qui, depuis quatre siècles seulement, ont rapproché l'ancien et le nouveau monde, eussent commencé quarante siècles plus tôt. Les colonies européennes, au lieu de se concentrer aux bords de la Méditerranée, et les colonies asiatiques au bord de l'océan Indien, se fussent disséminées sur d'autres terres et sous d'autres climats qui auraient versé leur contingent de produits dans la circulation générale. On peut dire que jusqu'à la grande découverte de Christophe Colomb, l'Amérique n'a pas existé pour l'humanité, dont l'existence subissait une sorte de mutilation : en lui restituant un organe essentiel, cette découverte l'a dotée d'une plénitude de forces et d'un équilibre d'activité qui jusqu'alors lui manquaient.

La direction même des continents a exercé une influence propre : « Combien, dit Humboldt, la température actuelle de la terre, l'agriculture, la civilisation même auraient été différentes, si les axes de l'ancien et du nouveau monde avaient reçu une même direction. (1) »

La grande distance qui sépare les deux moitiés inégales de la planète, après avoir été pendant une si

(1) *Cosmos*, t. I, p. 345 et suiv.

longue période un obstacle absolu à leurs mutuelles communications, est au contraire devenue, dès que le génie de l'homme a pu la franchir, une source de travail et une cause de puissance. Source de travail, par la navigation, la première de toutes les industries pour la difficulté vaincue et la fécondité des efforts ; cause de puissance pour les nations qui se sont aventurées sur l'Atlantique avec le plus d'audace et de succès : tour à tour le Portugal, l'Espagne, l'Angleterre, la Hollande, la France, ont engagé sur cette arène liquide le combat de leurs passions et de leurs intérêts ; elles lui ont dû leur plus haute prospérité. Et si l'Angleterre a conservé, mieux que ses rivales, les longues et lucratives faveurs de la fortune, elle le doit surtout à l'indomptable persévérance de ses colons poursuivant l'Amérique, et de ses marins sillonnant l'Atlantique, devenu bientôt aussi la voie maritime vers l'Orient asiatique et l'Océanie. Les efforts combinés de ses marins et de ses colons lui ont valu quelquefois le monopole, depuis longtemps la prépondérance sur les mers, qui est le pivot de sa suprématie commerciale et de son grand rôle politique. La division de la terre en continents et en mers lui a ménagé cette haute destinée, de concert avec d'autres conditions que nous aurons à indiquer.

Franchie et amoindrie par la navigation, la distance entre les deux continents s'est révélée de nos jours comme un obstacle invaincu, pour un mode de communication plus rapide que le vent et la vapeur, pour l'électricité. L'échec du câble sous-marin, vainement jeté en 1858 entre l'Irlande et Terre-Neuve, n'a pas jusqu'à présent été réparé, car on est encore à des projets pour la ligne à établir entre le nord de l'Europe et le Groenland, comme pour celle qui prendrait appui sur les îles africaines, dans la zone équatoriale. Dans ce simple fait brut, une distance d'environ 700 lieues sous mer, se condensent tant de difficultés, que l'esprit d'entreprise aime mieux se retourner vers l'Orient par une double voie, l'une au nord, qui traverse la Sibérie, l'autre au sud, s'infléchissant vers l'Inde et l'Indo-Chine, pour remonter à l'est vers la Chine et le Japon, et atteindre, par le double cordon des îles Kouriles et des îles Aléoutiennes, et même par le détroit de Behring, le littoral de l'Amérique. Le jour où les deux continents échangeront leurs signes écrits en quelques heures, quel progrès dans le perfectionnement de la sociabilité humaine!

Considérés dans leur masse et leur volume, les deux continents présentent une très-grande disproportion : l'Amérique ne dépasse guère, sous ce double rapport, la moitié de l'ancien monde, même en ne tenant pas compte de l'Océanie, où il est permis de voir les sommets émergents d'un troisième continent. Y a-t-il quelque lien entre ce fait purement physique et cet autre, principalement physiologique, qui montre dans le nouveau monde la vie animale et la vie végétale tempérées en quelque sorte, dans les formes et dans les forces, les végétaux plus prompts à se désorganiser sous la hache du défricheur, les animaux plus petits et plus faibles, les indigènes mêmes (Peaux-Rouges) d'une organisation moins virile que les fortes races de l'Europe? Qu'il y ait quelque intime corrélation entre le volume d'un continent et l'intensité de ses forces plastiques, on le conçoit, on l'entrevoit; mais des investigations approfondies seraient nécessaires pour élever ce soupçon à la hauteur d'une hypothèse plausible, et surtout d'une vérité certaine.

D'autres considérations naissent de l'examen des contours des continents et du plan de leurs surfaces; mais comme elles s'appliquent avec plus de précision aux diverses parties du monde entre lesquelles on a coutume de diviser le globe, pour la commodité du discours nous les rapporterons à ce titre.

§ 2. — *Les Parties du monde.*

Les cinq parties du monde aujourd'hui admises devraient être portées à six, en distinguant l'une de l'autre l'Amérique du Nord et l'Amérique du Sud, réunies par un isthme plus étroit que celui qui joint l'Afrique et l'Asie.

En chacune d'elles la surface, qui est le premier des caractères géographiques, a des propriétés économiques révélées par l'histoire. La surface est-elle plane, ouverte, se prolongeant sans barrière jusqu'aux lointains horizons, les familles humaines s'y mouvront avec aisance : au lieu de se grouper, elles se disperseront; marchant à l'aventure, elles émigreront facilement de région en région, se constituant plutôt en peuplades errantes qu'en peuples fixes. Chez elles, la vie nomade l'emportera sur la vie sédentaire, à moins qu'il ne survienne des causes directement contraires; les nationalités aux fermes contours seront difficiles à organiser.

Propices à l'expansion, les vastes espaces le seront

aussi à l'invasion si quelque richesse locale tente l'esprit de conquête. Aucune frontière naturelle ne barrera le passage aux envahisseurs. La cohésion, qui manquera pour le travail et l'existence commune, manquera aussi pour la résistance; mais le vainqueur sera plus maître des lieux que des hommes qui fuiront devant lui.

Le retard en sociabilité qui résultera de ce défaut de consistance et de centralisation, annulera les avantages naturels qui naîtraient de la facilité des communications. A défaut de bonnes routes, que peut seul exécuter un peuple civilisé, les échanges seront lents, coûteux, opérés à l'aide de longues caravanes et de lourds chariots, instruments de l'industrie rudimentaire des transports. Veut-on un jour, à l'instar des peuples voisins, raccourcir ces immenses étendues par des voies solides et des chemins de fer, la dépense effraye, car elle est proportionnelle à l'étendue du pays, et le revenu probable n'encourage pas, car il se mesure au bien-être et à la densité des populations.

A ces traits, on reconnaît les vastes plateaux de l'Asie centrale et septentrionale, et les plaines de la Syrie prolongées en Arabie, et les solitudes sahariennes, et toutes les localités favorables au parcours nomade des tribus et à leurs migrations. Ces traits conviennent à la Russie d'Europe et d'Asie, montant si lentement de la barbarie à la civilisation, tant elle est affaiblie par l'immensité même de ses territoires non peuplés et mal cultivés; ils s'appliquent à la Pologne, dont l'héroïque infortune lutte contre le vague de ses frontières indécises et mobiles; ils s'appliquent à l'Europe orientale tout entière, inférieure en puissance, en richesse, en civilisation à l'Europe occidentale, au relief si accentué, aux contours si découpés. Ils s'appliquent même à la région centrale de l'Europe, où les vastes et uniformes étendues qui se déroulent depuis les plaines interposées entre la mer Caspienne et les monts Ourals jusqu'à l'Océan, ont longtemps retardé la fixation des races slaves et germaniques, sans cesse traversées, déplacées et renouvelées par les courants des migrations asiatiques (1).

« Les articulations nombreuses, dit Humboldt, la forme richement accidentée d'un continent, exercent une grande influence sur les arts et la civilisation des peuples qui l'occupent (2). C'est, de concert avec le climat, qui en dérive même partiellement, la cause qui a le plus aidé, après le génie naturel de la race blanche, à la suprématie de l'Europe, et qui en a fait la tête de l'humanité, quoiqu'elle soit une partie relativement petite du globe, comme la tête du corps humain est moindre de volume que le tronc et les extrémités, mais supérieurement organisée. Bien que l'esprit commande à la matière, la force à la forme, la qualité à la quantité, et que dans l'humanité, comme dans l'homme, il soit vrai de dire :

Mens agitat molem,

cependant, ici et là, des organes bien trempés, bien

(1) Voyez le savant mémoire de M. Mignet : *Comment l'ancienne Germanie est entrée dans la société civilisée de l'Europe occidentale et lui a servi de barrière contre les invasions du Nord* (*Mémoires de l'Académie des sciences morales et politiques*, t. III).

(2) *Cosmos*, t. I, p. 340.

coordonnés, sont de précieux instruments pour la puissance de l'esprit, et l'Europe, par le bel agencement de ses terres et de ses mers, de ses montagnes et de ses plaines, de ses fleuves et de ses vallées, favorise admirablement l'essor des races humaines qu'une fortune propice y a conduites.

En soumettant à une observation plus précise les contours des régions terrestres, nous allons y saisir de plus près le lien intime de la géographie et de l'économie politique.

§ 3. — *Les Contours.*

Qu'il s'agisse des continents, des parties du monde, ou des contrées moins étendues, le contour exerce une influence manifeste sur la destinée des habitants : suivant qu'il est entier ou échancré, anguleux ou arrondi, suivant la proportion respective de ces divers traits, les effets économiques et politiques sont eux-mêmes très-divers.

Une terre au contour entier, continu, sans échancrure, lors même qu'il se déploie en longues sinuosités, est difficile à aborder, difficile à quitter, faute d'abri pour les navires. Une terre ainsi limitée est fermée à la féconde pénétration du commerce et de la civilisation extérieure. Ses peuplades autochtones doivent faire à elles seules leur éducation, œuvre toujours difficile et incertaine, qui avorte très-souvent.

Tel est le sort de l'Afrique, et l'une des principales causes de son retard en progrès social. Au nord, elle n'est accessible que par quelques points, sans large et facile ouverture vers l'intérieur, à l'exception d'Alexandrie, où aboutit toute la région du Nil. Sur l'immense côte occidentale, trois à quatre grands fleuves, le Sénégal, la Gambie, le Niger, le Congo; sur la côte occidentale, un seul d'une importance pareille, le Zambèze; voilà pour un contour de plus de 20 000 kilomètres (1)! Encore l'embouchure de la plupart est-elle défendue par une barre et des bancs qui en rendent l'entrée périlleuse. Sur le littoral tout entier de l'est, du sud et de l'ouest, la nature a refusé un seul de ces vastes ports, abrités et profonds, dont elle a doté les autres parties du monde : où la civilisation en a besoin, comme à Alger et au Cap, elle a dû en faire presque tous les frais. Même avec de tels ports, l'Afrique aurait sans doute opposé encore à la curiosité humaine les ardeurs de son climat; on peut néanmoins assurer qu'une périphérie plus accidentée eût grandement avancé la civilisation qui a pu s'ébaucher à peine dans les rares stations du littoral. L'intérieur du pays, plus rapproché du rivage par des coupures plus profondes, et entraîné dans la sphère d'attraction des grands ports, eût livré au commerce des produits qui se perdent faute de débouchés, et dont la vente eût réveillé au sein des populations abandonnées à la nature brute, les besoins d'une sociabilité plus raffinée, et avec eux le goût du

(1) Je préviens une fois pour toutes que les nombres géographiques cités dans ce travail sont empruntés au texte dont M. Onésime Reclus a accompagné l'*Atlas sphéroïdal* de M. Garnier; ils m'ont paru d'une exactitude suffisante pour l'objet de ce travail, malgré quelques erreurs faciles à relever, et dont la typographie est en partie cause.

travail agricole et industriel. Rendus par l'échange plus intelligents, plus avisés, plus laborieux, les noirs auraient été moins aisément réduits en esclavage par une minorité de forts et d'habiles; représentant un capital productif de richesse, ils n'eussent pas été livrés à vil prix à l'odieuse exploitation de la traite; valant et coûtant davantage, ils n'auraient pu être exportés qu'en moindre quantité.

A un degré moins prononcé, ce manque d'échancrures profondes et nombreuses se retrouve dans la côte sud-ouest de l'Asie (péninsule arabique), entre Aden et Mascate, qui se voit par là privée de tout rôle maritime et commercial ; sur la côte occidentale de l'Australie, où languit isolée la colonie de la Rivière des Cygnes. L'Amérique du Sud, sur son double rivage oriental et occidental, présente aussi un profil moins découpé que l'Amérique du Nord, et ce caractère n'a pas été sans action sur son infériorité politique et économique relativement à sa sœur septentrionale.

Dans celle-ci, au contraire, depuis le Saint-Laurent jusqu'au bord méridional du golfe du Mexique, et même sur le bord opposé, le long de la Californie, bien qu'à un moindre degré, quelle admirable variété de dentelures qui ouvrent des refuges aux navires, des asiles aux émigrants, et pénètrent dans l'intérieur par le canal tout creusé de nombreuses rivières! En mettant à profit ces dons de la nature pour fonder des établissements qui sont devenus de florissantes colonies, et bientôt une puissante confédération — jusqu'au jour où la guerre civile l'a déchirée,— les colons du nouveau monde ont recommencé l'histoire de l'ancien, telle qu'elle se déroula, avec une incomparable splendeur, autour de la Méditerranée et sur le rivage oriental de l'Atlantique (Grèce, Italie, Ibérie, France, Scandinavie, Bretagne), possédant une multitude de golfes, de baies, de rades, de ports, trop célèbres pour que je les nomme, qui devinrent, dès une haute antiquité, des foyers de commerce et de colonisation, et ont, pour la plupart, maintenu et développé, à travers les siècles, leur lustre premier. « Dans la Méditerranée, dit encore Humboldt, dont j'aime à invoquer le témoignage, la disposition physique des côtes influe sur la marche des événements, sur la direction des voyages et sur les vicissitudes de la suprématie maritime. »

Aux antipodes de l'Europe, c'est sur la partie la plus accidentée de l'Australie et des grandes îles qui l'entourent, que ce sont spontanément fondées, par l'initiative des émigrants, des villes déjà célèbres : Sydney, Melbourne, Adélaïde, Hobart-town, Aukland.

On peut donc accepter, comme une loi générale confirmée par l'histoire, que la disposition physique des côtes des continents influe sur la direction et le succès des voyages d'exploration, sur le choix des établissements, sur les relations extérieures, sur la condition des sociétés. L'énergie de cette loi se mesure au rapport mathématique des lignes de côte à l'étendue superficielle, qui a été calculé comme suit :

Europe......	1	kilom. de côte pour	289	kilom. car. de superficie.
Nord-Amérique.	1	—	407	—
Australie......	1	—	534	—
Sud-Amérique..	1	—	689	—
Asie.........	1	—	763	—
Afrique......	1	—	1420	—

Ce simple tableau du rapport côtier traduit, en un langage lumineux, l'aptitude comparative des grandes parties du monde à la civilisation. Il éclaire toute l'histoire.

Sur le pourtour des continents se rencontrent des traits de configuration terrestre, dignes par leur fonction économique d'une analyse spéciale : ce sont les isthmes, les caps, les péninsules.

§ 4. — *Les Isthmes.*

Les isthmes jouent un double rôle : ils unissent les terres, ils séparent les mers : d'où l'on peut induire que, dans les âges où dominent les communications par terre, les isthmes seront envisagés comme utiles ; tandis que dans les âges où dominent les communications par mer, on sentira le besoin de les couper par des canaux ou des chemins de fer qui continuent la route maritime.

Les plus rapides aperçus justifient cette théorie. L'isthme de Suez ouvrit l'Asie aux armées de Ramsès, de Bonaparte, de Méhémet-Ali, et il ouvrit l'Égypte aux émigrations asiatiques, aux invasions des Perses, des Grecs conduits par Alexandre, des Arabes, des Turcs. Au moyen âge, l'isthme de Suez servit le courant commercial qui s'établit, à travers l'Égypte, entre l'Orient et l'Occident, et procura l'opulence aux villes d'Italie. Aujourd'hui cet isthme, qui condamne la navigation à faire le tour de l'Afrique par le cap de Bonne-Espérance pour passer d'Europe en Asie et en Océanie, et réciproquement, nous importune comme un obstacle avec lequel il faut en finir. Nous en finirons, n'en doutez pas. Le jour où la mer Rouge et la Méditerranée confondront leurs eaux sillonnées par des milliers de navires, quel changement dans la condition politique et économique du genre humain ! Sur les bords du canal de Suez, l'Orient et l'Occident, le Septentrion et le Midi, mêlant leurs peuples, leurs races, leurs langues, leurs costumes, leur culte, leurs mœurs ; les distances entre les villes de l'ancien monde réduites de moitié ; l'Asie extrême, l'Afrique orientale, l'Océanie occidentale, entraînées dans le courant des affaires européennes ; toutes les cités maritimes, assises sur les bords de la Méditerranée et de la mer Noire, renaissant à leur antique splendeur et décuplant leur commerce ; toutes ces merveilles, la coupure d'un isthme par un canal les aura accomplies.

Le percement de l'isthme de Panama et de Tehuantepec, en évitant aux navires qui, d'Europe, se rendent dans le Pacifique, l'immense détour du cap Horn, exercerait une influence considérable, sinon aussi décisive, sur la direction des routes maritimes et commerciales. Dès aujourd'hui, la circulation établie d'un bord à l'autre par un chemin de fer, montre comment les isthmes s'aplanissent devant la volonté de l'homme. C'est la Californie qui a recueilli, dans l'affluence des chercheurs d'or et dans l'exportation de ce métal en Europe, le principal bénéfice de ce progrès local dans la viabilité du globe : prélude de communications plus complètes qui s'établiront par le lac de Nicaragua, si les isthmes montueux de l'Amérique centrale opposent trop de résistance.

Un autre isthme qui, en Europe, appelle une pareille réforme, est celui de Corinthe, dont l'ouverture permettrait aux navires d'éviter la traversée toujours pénible et souvent dangereuse de l'archipel grec. Le percement de l'isthme de Tenasserim, qui ferme la presqu'île de Malacca, aurait, en Asie, des conséquences économiques non moins importantes.

§ 5. — *Les Caps.*

La fonction des caps, comme celle des isthmes, se tourne tour à tour en utilité et en dommage. Par leur avancement en mer, et lorsque les roches dures qui forment leur charpente sont associées à des roches plus friables que sapent et démolissent les eaux, ils déterminent des enfoncements et des érosions de rivage éminemment favorables à la sécurité de la navigation; mais se projetant en travers des vents et des courants, ils provoquent ces remous violents qui font un peu de tout promontoire, comme du plus fameux de tous, un cap des tempêtes. Dans les ténèbres de la nuit, leurs bases, prolongées sous les flots, sont de redoutables écueils jusqu'à ce que leurs sommets, couronnés de phares, éclairent au loin la route des navigateurs.

Un caractère général, dont l'effet sur l'industrie humaine mérite d'être observé, c'est la forme pyramidale et conique, avec prolongement dans le sens du méridien, de la plupart des grandes terres, l'Afrique, l'Amérique, les deux presqu'îles de l'Inde. Comme les sociétés humaines répandues d'abord dans la zone tempérée, tendaient à communiquer suivant l'axe de l'ancien continent, d'Occident en Orient, leurs navires furent amenés, pour tourner les obstacles, à pousser fort avant dans le sud, dans les profondeurs inconnues de l'hémisphère méridional. C'est en longeant, d'escale en escale, la côte occidentale d'Afrique, que le Portugal a préparé la gloire de Vasco de Gama, doublant enfin le cap de l'Afrique australe ; et c'est pour atteindre les Moluques que Magellan, de son côté, doubla le cap Horn et s'aventura dans l'océan Pacifique.

§ 6. — *Les Presqu'îles ou Péninsules.*

Ne suffit-il pas de nommer la Grèce, l'Italie, l'Espagne, pour faire entrevoir le rôle des terres de toutes parts entourées par la mer, sauf d'un seul côté ? Ce caractère dit leur destinée : vocation maritime, indépendance politique, isolement ou faible communication avec les voisins, suivant que la ligne de contact est plane ou montueuse ; en tout cas, personnalité fortement dessinée.

En Asie, l'Arabie forme une péninsule non moins célèbre que celles de l'Occident, car elle fut le berceau de l'islamisme et le point de départ de ses apôtres guerriers s'élançant à la conquête du monde. Cet élan soudain et violent ne fut pas le fruit improvisé du génie audacieux de Mahomet, livré à la force de ses seules inspirations : le prophète put féconder de sa parole des germes préexistants, et qui devaient leur formation première aux conditions géographiques de l'Arabie. Comprise entre les golfes Arabique et Persique, entre l'Euphrate et la mer *intérieure* qui baignait la Syrie, voisine de l'Égypte, de l'Europe, de la Perse, placée sur la route de l'Inde, elle avait de tout temps profité, pour sa politique et son commerce, des privilèges de sa position intermédiaire. Pendant de longs siècles, l'Arabie avait accumulé, en langage économique, un capital de connaissances, de populations, de relations, que la parole enflammée de Mahomet et l'ambition de ses disciples firent servir à l'assujettissement d'une partie considérable du monde.

§ 7. — *Les Mers.*

Les fonctions économiques de la mer, considérée dans ses traits les plus généraux, ne sont pas moins importantes que celles de la terre. Elle sépare les sociétés rudimentaires ; elle unit les sociétés avancées. Le sauvage sur sa pirogue se livre à un court et timide cabotage ; sur ses vaisseaux de commerce ou de guerre, le civilisé parcourt le monde : la mer lui est la route la plus facile pour l'exploration du globe. Grâce à cette propriété si favorable à la civilisation, la mer Rouge portait les Phéniciens vers les terres de l'encens, de la myrrhe, du baume et de l'or ; la Méditerranée apparaît, dès les premiers âges historiques, comme le berceau des peuples de l'Occident, le centre de leur politique et de leur commerce. D'une étendue médiocre, et réduite encore par la multitude d'îles dont elle est parsemée, livrée à des vents et à des courants que savent utiliser les pilotes, entourée de terres accessibles, surtout le long de son rivage septentrional, où elle pénètre au cœur des terres par des échancrures multipliées, la Méditerranée devient dès l'antiquité la mobile arène de la paix et de la guerre, où se dispute le sort des républiques et des empires. Au moyen âge, elle s'ouvre aux croisades qui révèlent, l'un à l'autre, face à face, deux mondes qui s'ignorent, opposés, ennemis, celui de l'Évangile et celui du Coran. Depuis trois siècles dépossédée du premier rang, elle reprend de nos jours, sous l'haleine de la vapeur, son rôle providentiel de grande route de l'Occident vers l'Orient, et rachetant par l'intensité du travail l'inégalité des dimensions, elle entend faire contre-poids, dans la balance du commerce, à l'océan Atlantique.

Quant à celui-ci, après avoir été, pendant une longue suite de siècles, le *mare tenebrosum*, épouvantail des navigateurs d'Europe par la nuit profonde dont l'imagination populaire l'entourait et par les spectres dont elle le peuplait, il est devenu à son tour la mer lumineuse, la mer civilisée. Puisse-t-il, mieux que par le passé, mériter le beau nom d'océan Pacifique, réservé jusqu'à ce jour à une mer plus éloignée de nos querelles!

Les noces du doge de Venise et de l'Adriatique sont le poétique symbole de la féconde alliance de l'humanité avec toute mer, d'où naissent, comme nous l'avons déjà indiqué, les villes maritimes au fond des havres, au sein des rades, au bord des golfes. Dans ces nids abrités, la barbarie cache ses pirates; tandis que les sociétés régulières y établissent leurs sécheries de pêche, leurs entrepôts de commerce, leurs stations de refuge, de réparation, de ravitaillement, leurs bains de santé ou de plaisir, quelquefois leurs capitales politiques!

Aussi voit-on le sort de certaines localités dépendre

de la proximité ou de l'éloignement de la mer, dont le niveau s'élève ou s'abaisse, tantôt subitement et tantôt lentement, d'une manière chronique : Aigues-Mortes, pour ne citer qu'un exemple de ce divorce.

Ces oscillations ont amené des déluges dont les sociétés humaines n'ont pas été moins bouleversées que la nature. Chassés de leurs demeures inondées, les peuples ont émigré de leur pays natal et sont devenus colons sur la terre étrangère. L'antiquité a conservé des traces profondes et répétées de ces changements de condition, et, en des temps bien rapprochés de nous, d'infortunées populations scandinaves ont été englouties par les débordements de la mer, franchissant le cercle fatal auquel on la suppose, bien inexactement, enchaînée.

Le fond de la mer était depuis longtemps étranger aux destinées humaines, lorsque la télégraphie électrique nous a appris qu'il faut compter avec lui. Suivant sa profondeur, suivant qu'il est uni ou hérissé de rochers, les câbles sous-marins sont faciles ou difficiles à poser, ils se conservent ou se rompent. Telle montagne cachée sous les flots et tel abîme insondable grèvent lourdement les budgets des États, ruinent les compagnies, empêchent ou renchérissent les communications des peuples.

Sous un aspect plus saisissant, les forces vivantes qui agissent dans le sein des mers avaient depuis longtemps révélé les lois qui subordonnent l'homme aux nappes liquides qui l'entourent. Il est des îles dans l'océan Pacifique qui doivent leur existence au travail des myriades de madrépores et de coraux dont les édifices, accumulés par une incalculable association d'efforts microscopiques, ont à la longue formé des hauts-fonds qui, exhaussés jusqu'au niveau de la mer, se sont recouverts de végétaux et peuplés d'animaux, parmi lesquels l'homme est bientôt venu prendre place. Suivant quelques décimètres d'épaisseur de plus ou de moins, le banc de corail reste un écueil ou devient une habitation humaine. De nos jours encore et sous nos yeux, le patient labeur des zoophytes entoure les îles déjà formées d'un cordon de récifs favorables ou contraires à la navigation, suivant qu'ils sont entrecoupés de passes ou dressés en muraille continue : simple détail géographique d'où peut dépendre l'avortement ou le succès d'une fondation coloniale.

§ 8. — *Les Détroits.*

Parmi les traits spéciaux de l'aspect des mers, les détroits ont une fonction de premier ordre, l'inverse de celle des isthmes.

Pour les marins, ils sont une aide, un obstacle, un péril, suivant les lieux et la direction des itinéraires. Au point de vue militaire, ils donnent une grande valeur stratégique aux terres latérales, quand elles peuvent en maîtriser le passage. La politique de paix en reconnaît si bien le prix, qu'elle a interdit l'entrée du Bosphore aux navires de guerre, et qu'elle recommande la neutralité des détroits et leur libre parcours par les seuls navires de commerce, comme une condition essentielle de l'accord entre les nations. Le rachat du péage du Sund aux mains du Danemark est une application de ce principe. Rétréci ou élargi, sous les nom de *canal* ou de *manche*, tout détroit exerce sur les pays riverains une action analogue à celle du Sund, de Gibraltar, de Bab-el-Mandeb, et pour devenir inoffensif, doit être dégagé de tout tribut et de toute menace.

§ 9. — *Les Iles.*

Les îles représentent l'union la plus intime des terres et des mers, et cette étroite connexité géographique les prédispose, mieux qu'aucune autre terre, à l'essor de toutes leurs forces productives. Le rapport des côtes à la surface y est plus grand que sur les continents et les parties compactes du monde, ce qui accroît la chance d'une plus riche dotation en baies et en golfes.

Dès l'enfance, le spectacle quotidien des vagues agitées familiarise l'œil et le cœur avec des périls que l'habitude de la pêche apprend bientôt à braver; la pêche elle-même devient rapidement cabotage pour vendre le poisson, navigation au long cours pour échanger les produits locaux contre les marchandises exotiques. Le voisinage du continent a d'abord appelé des hommes dans l'île par la curiosité ; le profit les y retient. Dans la fréquentation des pays lointains, les insulaires acquièrent, avec l'habileté nautique, des connaissances sur les terres et les mers qu'ils emploient à leur profit. La vie d'aventures hardies développe les aptitudes maritimes qui font le matelot, et les aptitudes commerciales qui font le marchand. Matelot et marchand, activité et richesse, n'est-ce pas en quatre mots le portrait de beaucoup d'insulaires? Mentionnons seulement les Grecs de la mer Égée, les Anglo-Saxons des Iles Britanniques, les Malais des îles de la Sonde, enfin les Japonais, dont l'archipel reproduit, avec de si remarquables analogies, sur les flancs de l'Asie, le groupe de la Grande-Bretagne et de l'Irlande sur les flancs de l'Europe.

Dans les habitudes d'une libre et fière existence, la personnalité grandit, pour peu que la race et le climat lui viennent en aide; l'homme se sentant fort par sa propre valeur, prend conscience de son droit comme de sa puissance; il s'attache d'un amour, exclusif jusqu'à l'égoïsme, à sa patrie isolée, dont il s'applique à asseoir l'indépendance sur la marine. A la différence de l'habitant de terre ferme, l'insulaire n'a pas à diviser ses efforts entre des tendances diverses et quelquefois opposées; sa voie lui est toute tracée : la mer, qui est son milieu, est l'instrument de sa richesse, le gage de sa sécurité, son champ de commerce et de bataille. Aussi l'économie sociale des nations insulaires est-elle d'une simplicité et d'une fermeté de plan qui manquent aux nations continentales, partagées entre plusieurs tendances et indemnisées par d'autres avantages.

La fortune des îles que nous avons nommées indique l'avenir réservé à celles que, à raison de leur éloignement, la civilisation n'a pas encore visitées, ou n'a qu'effleurées de son souffle. Ce sera un jour le tour de l'Australie, bien qu'elle soit grande comme un continent; ce sera le tour de Madagascar, où la France, sans abandonner ses droits diplomatiques, préfère une amicale initiation à l'emploi de la force (1) ; ce seront toutes ces multitudes d'îles et d'îlots disséminés dans l'océan Pacifique ; enfin les colonies des Antilles lorsque, mises en possession d'une autonomie plus complète, elles uniront aux profits de l'agriculture ceux de l'industrie, du commerce et de la navigation.

Il est des îles que leur position sur la route des navires prédestine au rôle d'étapes ou échelles maritimes, de stations de voyage, de dépôts de charbons ou de vivres : précieux avantage pour leur prospérité matérielle. Dans la Méditerranée, la Sardaigne, la Sicile, Malte et Syra ; dans l'océan Indien, Maurice et Ceylan ; dans l'Atlantique, les Açores, Madère, les Canaries, les îles du cap Vert, doivent beaucoup de leurs bénéfices à l'hospitalité qu'y trouvent les navires allant et venant à travers l'immensité des mers, comme dans des hôtelleries ouvertes aux nations. Sans leur situation sous une trop froide latitude, les îles Feroë et l'Islande, qui, dès le IXe siècle, facilitèrent aux Normands l'accès du Groënland, auraient attiré un courant d'excursions qui eût révélé l'Amérique au monde six cents ans plus tôt ; mais il paraît que, vers le XIIIe siècle, les glaces avançant au sud interrompirent les communications, et ce simple accident météorologique donna un autre cours aux recherches de l'esprit humain, y compris celui de Christophe Colomb qui visita l'Islande, en février 1477, et ignora le succès des expéditions antérieures exécutées dans la direction de l'ouest.

On a justement comparé les îles à des ponts jetés

(1) Ces lignes étaient écrites avant l'horrible attentat qui a privé de la vie le roi Radama et une trentaine de ses principaux soutiens.

entre les terres : grâce à elles, les navigateurs font le tour du globe, recevant en tous lieux l'assistance dont ils ont besoin, et y déposant en retour la semence des idées, des instruments, des progrès d'une civilisation avancée. Lorsque la vapeur et l'électricité auront enveloppé le globe tout entier d'un réseau plus complet de communications, alors se dessinera la fonction aujourd'hui méconnue de certaines îles. Entre l'Australie et la côte occidentale de l'Amérique, la Nouvelle-Calédonie, les îles Fidji, Taïti, les Marquises, deviendront les escales des paquebots de l'océan Pacifique. Alors se révélera l'utilité des Kouriles et des îles Aléoutiennes. qui seront jalonnées de poteaux télégraphiques unissant à l'Amérique l'Asie et tout l'ancien continent.

Enfin il est une classe d'îles, réduites parfois à de petits îlots ou des rochers, qui touchent presque la terre, ou même se soudent à elle, et tirent de ce caractère amphibie une étonnante virtualité. Tyr, Venise, Bombay, Singapore, Hong-Kong, New-York, on peut même y ajouter, quoique tenant de plus près à la terre, Cadix et Alger, sont de célèbres exemples de ces positions singulières prédestinées au commerce ou à la piraterie, suivant les temps et les lieux.

§ 10. — *Les Montagnes, Vallées, Plaines.*

En passant des grands traits généraux de la physionomie des terres et des mers aux caractères topographiques, nous avons à interroger le rôle économique des montagnes, des vallées, des plaines.

On sait l'influence que les montagnes exercent sur

les climats, en attirant les vapeurs d'eau qui, autour de leurs sommets et le long de leurs flancs, s'assemblent en nuages, se condensent en brouillards et en brumes, se consolident en neiges et en glaciers, coulent en sources, en rivières et en fleuves : par ces effets physiques, les montagnes agissent d'une première manière sur la condition de leurs habitants; mais nous rattacherons cette action à celle des eaux dont elle dérive plus directement.

Par leur sol escarpé, entrecoupé de ravins et de rochers, généralement peu fertile, baignant dans une âpre atmosphère, privé de communications, les montagnes imposent aux populations que le sort y a conduites des habitudes simples et sobres, un travail rude, une existence pauvre. A ces mâles épreuves, le corps et l'âme se trempent ; la force morale s'allie à la force physique, l'individualité se marque vigoureusement. Indépendant, fier, isolé, quelque peu sauvage, le montagnard campe avec amour sur les sommets solitaires et abrupts qui le protégent contre l'ennemi. Dans ces retraites, la foi s'attache forcément aux traditions ; la sociabilité s'empreint d'un cachet particulier. La difficulté des relations personnelles, les vastes étendues nécessaires à l'existence y dispersent les demeures ou ne les groupent qu'en hameaux ; les communes s'étendent et se morcellent au lieu de s'agglomérer ; la centralisation et les grands États y sont à peu près impossibles ; tout pousse, au contraire, au clan, à la tribu, à la confédération républicaine.

L'économie rurale des montagnes, caractérisée par les forêts et les pâturages, conseille l'émigration à une partie de la population, à qui l'hiver interdit les occupations extérieures de la vie pastorale et forestière; pendant l'été, au contraire, la fraîcheur des herbages invite à la transhumance, sorte d'immigration en altitude, des troupeaux qui ont passé l'hiver dans les plaines que brûle le soleil de la canicule. Souvent aussi le chômage prolongé pousse les montagnards à inventer ou adopter, là surtout où le bois abonde, quelques petites industries locales qui les aident à passer les mauvais jours.

Ce tableau sommaire est celui de tous les massifs montagneux, en Grèce comme en Écosse, dans les Pyrénées comme dans les Alpes, dans les Karpathes comme dans le Caucase. Les Kabyles de l'Afrique, les paysans de l'Auvergne et de la Savoie se ressemblent par beaucoup de points; et les hautes chaînes des monts de l'Inde et de la Chine offrent un refuge aux rebelles indigènes, comme jadis l'Atlas aux vaincus africains et les Asturies aux compagnons de Pélage.

Par ces forteresses orographiques, qui se doublent de barrières morales, les lignes de montagnes forment, après la mer, la frontière la plus naturelle entre les États. Ceux à qui manque une pareille protection dépensent une partie de leurs forces, tantôt à satisfaire leur ambition envahissante, tantôt à se défendre contre celle de leurs voisins.

Sous des latitudes ou des hauteurs trop froides pour le travail, les sols violemment accidentés peuvent encore servir aux plaisirs et aux profits des hommes. Les *Highlands* d'Écosse sont précieux à l'aristocratie anglaise comme pays de chasse au renard; et les montagnes de la Suisse avec leurs glaciers ne sont pas la moins lucrative des richesses, par l'attrait de curiosité et de santé qu'elles exercent sur les étrangers.

Quand les accidents du sol s'amoindrissent, les effets aussi s'adoucissent. Les collines et les coteaux, pour peu que le ciel soit clément et le terrain fertile, se couvrent de demeures riantes, de plantations, de vignobles, de cultures faciles et fructueuses, qui attachent les populations au sol et les invitent à multiplier avec confiance. Les vallées participent aux mêmes avantages.

En s'élargissant, les vallées deviennent des plaines qui offrent aux sociétés humaines le théâtre le plus favorable aux luttes destructives de la guerre, comme à la féconde activité de la paix. Presque toutes les grandes batailles se sont données en des plaines qui permettent seules les évolutions de nombreuses troupes; aux montagnes est réservée la guerre de *guerillas* : aussi les provinces qui se développent en surfaces planes, dans toute l'Europe, sont-elles dévolues, dans tous les plans de campagne, aux manœuvres de la stratégie. Cette condition, défavorable à leur prospérité économique, est généralement rachetée par divers avantages : les grandes agglomérations y trouvent une assiette commode à leurs exigences ; la viabilité y ouvre plus librement ses chemins. Aussi la civilisation délaisse-t-elle de plus en plus les montagnes, qu'elle restitue aux forêts et aux pâturages, pour descendre dans les plaines et les larges vallées, avec les routes, les chemins de fer, les paquebots, avec les villes et les fleuves.

La juxtaposition, à des distances convenables, des

plaines, des vallées, des coteaux et collines, des montagnes, constitue un système d'articulations naturelles, dont le jeu facile contribue puissamment à la prospérité d'une région. Alors les influences météorologiques très-diverses diversifient les produits végétaux, avec des différences de cultures, de besoins et de ressources, suivant les latitudes et les expositions : de là des échanges très-multipliés. C'est l'heureuse condition de l'ouest et du sud de l'Europe.

§ 11. — *Les Fleuves, les Rivières, les Lacs.*

Le rapport entre la civilisation et les fleuves fut constaté dès la plus haute antiquité. La Mésopotamie, baignée par le Tigre et l'Euphrate, l'Éthiopie et une branche du Nil, dans l'Asie orientale les grands fleuves de l'Inde et de la Chine, furent les berceaux des premières sociétés florissantes de la race blanche et de la race jaune. Le temps n'a fait que confirmer cette loi naturelle. De nos jours, il n'est guère de grand fleuve, sauf dans les pays encore inhabités, qui ne soit devenu l'axe liquide d'une région industrielle ou agricole, en même temps qu'un grand courant commercial (Tamise, Rhin, Danube, Rhône, Seine, Elbe...). Il n'est guère de grande ville, de capitale surtout, que n'avoisine quelque puissante voie liquide, force pour les transports et les mouvements, aliment pour la boisson.

L'histoire raconte et explique ces rapports.

Aux premiers âges, les tribus nomades s'étendent sur les rives couvertes d'herbages, où les troupeaux trouvent à s'abreuver, et la vie pastorale y dirige ses migrations et asseoit ses mobiles campements, qui se rapprochent ou s'éloignent du courant, suivant les saisons et les débordements. Bientôt l'agriculture prend possession d'un sol généralement composé de fertiles alluvions, la pêche trouve dans le poisson un aliment; les populations deviennent sédentaires : une phase nouvelle des sociétés commence, et elle se développe en raison du milieu favorable ou contraire. Quelquefois le fleuve, par la périodicité régulière de ses crues et le limon fertile de ses eaux, impose ses lois aux coutumes humaines; en réglant la vie agricole, il gouverne la vie sociale tout entière : c'est le Nil, père de l'Égypte.

Sur le bord des fleuves et des rivières, le commerce établit ses escales et ses comptoirs, premier germe des foires les plus célèbres et de certaines colonies. Beaucaire, Francfort, Leipzig. Nijni-Novogorod, sont dans cette condition. Le flot se chargeant des marchandises d'aller et de retour, le transport fluvial prend naissance; si la profondeur des eaux le permet, la navigation intérieure succédera, et avec elle les péages, source de revenus pour les villes et les États, onéreux et importuns pour ceux qui les payent. La franchise des fleuves, complétant celle des mers et donnant aux traités de commerce toute leur efficacité, est un des vœux des économistes auquel les géographes doivent s'associer, eux qui apprécient dans ces puissantes voies naturelles une des meilleures routes pour pénétrer dans l'intérieur des continents.

Le cours des fleuves se recommande à l'économie politique sous un double rapport : les irrigations et la force motrice. Ce que créent de richesses les dérivations de cours d'eau, les agriculteurs ne se lassent de le redire en citant la Lombardie, l'Andalousie, le Roussillon, vingt autres contrées; ce que la mer engloutit d'eaux et de limons qui, surtout dans les climats secs et chauds, pourraient se convertir en trésors, est incalculable : un réseau général d'irrigations fluviales accroîtrait dans des proportions colossales la fortune publique, nous ne devons ici que l'indiquer. Quant aux chutes d'eau, ou plutôt les *pouvoirs d'eau*, comme disent plus heureusement les Anglais, leurs services sont recherchés par l'industrie comme les moins coûteux de tous : elles facilitent surtout l'installation primitive des sociétés par la scierie qui débite le bois du défrichement, par le moulin à eau qui réduit le grain en farine.

L'embouchure des fleuves est, comme tout leur cours, en relation directe avec l'ordre économique des sociétés. L'accès en est-il empêché par la violence de la barre, par des hauts-fonds, par des rochers? la navigation et le commerce en souffriront. L'accumulation séculaire des alluvions est-elle assez abondante pour exhausser le lit et créer des deltas? alors des terres d'une exubérante fécondité seront livrées à la culture, en même temps que se creuseront, des deux côtés des deltas se prolongeant en mer, des baies et des rades. Aux bouches des fleuves et sur leur parcours, les eaux, en débordant, s'extravasent-elles en nappes stagnantes? les fièvres intermittentes, la fièvre jaune, ailleurs le choléra, accuseront et puniront la négligence que met l'homme à purifier son domaine de ces influences délétères.

Les lacs participent à ces diverses propriétés des fleuves et des rivières. Comme eux, ils portent les navires chargés de marchandises et facilitent les communications; ils sont peuplés de poissons, aliment des riverains; ils rafraîchissent l'atmosphère, ils embellissent le paysage, et entrent, par ces divers services, dans l'économie des peuples, moins pourtant que les fleuves, parce que, privés en général d'issue, ils ne sont pas comme ceux-ci des voies qui circulent à travers des pays éloignés, ni des courants qui irriguent.

Dans l'intérieur de l'Afrique, où le sel manque, les lacs salés sont des nœuds importants du réseau des communications et du commerce. Les caravanes s'y rendent du plus loin pour en extraire et emporter un condiment plus nécessaire que l'or aux indigènes; les puits, qui communiquent avec les nappes souterraines, sortes de lacs cachés, marquent les étapes de leur route à travers le désert.

Rapprochons des lacs les marais et nappes d'eau extravasées, qui engendrent les maladies, la fièvre, la *malaria* chronique, raréfient les habitants et les cultures, font la vie pauvre, chétive, nomade, et pèsent sur les budgets par l'accroissement des frais de médication et par une mortalité supérieure à la moyenne.

C'est ainsi que, sous tous les climats, le système hydrographique d'un pays est l'un des principaux éléments, et peut-être le premier, de l'activité productive des populations.

§ 12. — *Les Forêts.*

Les forêts approchent de ce degré d'importance. Dans leurs profondeurs, les sauvages trouvent des fruits et des baies comestibles, du bois pour leurs flèches, leurs arcs, leurs canots, des fibres pour leurs hamacs; dans les clairières, ils sèment quelques graines, ébauche d'une agriculture naissante. Les peuples pasteurs, incapables d'exploiter les forêts, les détruisent par l'incendie pour étendre les pacages, rajeunir les branchages que broutent leurs troupeaux, chasser les bêtes féroces. Aux colons civilisés, les pays couverts de forêts offrent, malgré le défrichement et l'abattis nécessaires, des avantages bien supérieurs aux inconvénients. La construction facile, rapide et peu coûteuse des maisons de bois, affranchit les émigrants de la servitude des ouvriers d'industrie (maçons, charpentiers, menuisiers, etc.) qui pèse sur eux en tous pays non boisé : c'est une des causes de supériorité du Canada sur l'Algérie. Du même coup de hache qui débarrasse un champ, le colon se procure le bois de chauffage et de construction, et bientôt après le charbon ou la potasse, produits de son industrie qui lui fournissent sans retard le premier argent. La situation économique du pays tout entier se ressent bien vite de cette libéralité de la nature qui était jadis le partage de toute l'Europe et en a facilité la colonisation, et qui survit encore en Norvége, en Russie, dans les Alpes et dans les contrées plus lointaines qui fournissent à l'Europe, outre les bois de marine, les bois d'ébénisterie et de teinture (ébène, campêche, acajou, santal et cent autres). Il est enfin quelques arbres d'une utilité exceptionnelle, comme l'olivier, le dattier, le bambou, le cocotier, divers autres palmiers, qui impriment un caractère particulier aux habitudes, à l'industrie, et en quelque sorte à l'existence tout entière des peuples qui les possèdent, comme à l'aspect du pays lui-même.

Le plaisir de la chasse, et c'est un titre à notre reconnaissance, a mieux conservé les forêts qu'aucune vue de sagesse intelligente. Grâce à la passion des seigneurs et des rois pour les exercices de la grande vénerie, ils ont protégé les forêts qui abritaient les daims et les cerfs, et c'est à leur égoïste prévoyance que doivent leur bon état la plupart des grands et beaux massifs qui survivent encore dans les pays civilisés d'Europe, et jusqu'aux portes des capitales. Mais en se prenant de zèle pour les plantations par des motifs d'utilité et d'agrément, la civilisation ne répare qu'une faible partie des dommages qu'elle cause en maints endroits par les déboisements.

Réduites à une étendue modérée, les forêts concourent, par leurs propriétés hygrométriques, à la régularité des sources liquides et des météores atmosphériques, dont nous aurons bientôt à signaler l'influence sur les sociétés humaines. En proportion excessive, les forêts entretiennent une froidure malsaine, les marécages, les climatures humides, aussi funestes à l'agriculture qu'à la santé publique. En proportion insuffisante, elles favorisent une sécheresse fatale aux cultures et aux herbages; et les pluies tombant par averses orageuses, ne trouvent plus d'obstacles, roulent en torrents ou débordent en inondations. Grâce à ce rôle complexe, tantôt utile ou nuisible, suivant les cas, les forêts, jadis consacrées aux dieux et ombrageant les temples, ont mérité de devenir en tout pays une branche de l'administration publique; et par elle, déboisements et reboisements ont trouvé place dans les codes et les budgets.

Le diminutif de la forêt est la broussaille ou *maki*, fourré, jungle, qui a aussi son rôle dans l'économie rurale d'un pays. Pour se couvrir de récoltes, elle doit être défrichée, et le défrichement exige un emploi de forces physiques et morales qui en font le privilége de bras vigoureux et de volontés fortes, dont le succès est grandement aidé par des capitaux et des machines. De ce rude travail qui rompt la glèbe, auquel l'esprit religieux s'associa dans une partie de l'Europe, le roturier a tiré son nom, titre d'honneur pour la majorité des nations, si l'étymologie en était plus connue : *rupturarius*, le défricheur. Après avoir recueilli le bois, la potasse, les cendres, le charbon, il trouve dans la fertilité de ses terres une récompense des travaux.

§ 13. — *Les Steppes.*

La végétation simplement herbacée ou frutescente, couvrant de vastes étendues, constitue la steppe (1), qui, suivant les lieux et les végétaux, s'appelle aussi *savane*, *pampa*, *prairie*, *llano*, *lande*, *bruyère* : nouvel aspect de la superficie des terres qui a des corrélations intimes avec les sociétés humaines. Tantôt sèche et sablonneuse, tantôt parsemée de flaques d'eau et de marécages, la steppe détermine la vie nomade et pastorale qui conduit les troupeaux de proche en proche,

(1) On dit aussi *le steppe*, d'après l'Académie.

d'un pâturage brouté, desséché ou brûlé, à un autre qui soit encore frais et intact, sans demander à l'homme aucun soin, à la société aucun progrès, pas même l'art de couper du foin pour l'approvisionnement du bétail. C'est le vagabondage en commun, périodique suivant le cours des saisons, et circonscrit d'ordinaire à une étendue déterminée. La mobilité des troupeaux et la succession des pacages imposent la mobilité de la demeure ; le berger nomade ne peut habiter que sous la tente. De toute antiquité, les hordes parcourent les immenses et froides steppes de la zone centrale et septentrionale du continent asiatique, incapables de se condenser en une compacte population, de se grouper en villes ; stimulées par la soif et une vague ambition, elles débordent au sud-est sur la Chine, au sud vers l'Inde, à l'ouest vers la Moscovie et la mer Caspienne, portant vers l'Europe leurs yeux avides et leurs pas errants. Dans ces sociétés aux limites indécises, l'occupation du sol est une possession temporaire et utile, exempte de cet amour de la terre, fruit du travail, qui suggère le désir d'une propriété pleine et entière. Le pillage des voisins ou vol extérieur, inspiré par le besoin, passe dans les habitudes et la conscience. La richesse, qui est purement mobilière, comprend, outre la tente et les bestiaux, les femmes, les bijoux, les vêtements. La vie à cheval ou à chameau, la chasse au levrier et au faucon, entretiennent le goût de l'indépendance et des aventures. L'existence est simple jusqu'à la pauvreté, mais libre ; le nomade rejette, comme des chaînes, la maison et la ville. Si les longs loisirs se joignent à une douce sérénité du ciel, les âmes d'élite se portent à la contemplation des astres, à l'observation de la nature, aux méditations pieuses : la science et la religion se concentrent autour des puits et des sources, stations de ralliement pour l'étude et la prière comme pour le commerce. Sous des cieux voilés par les nuages et les brumes, la même tendance religieuse se manifeste ; mais les fantômes et les dieux y prennent un aspect mélancolique ou terrible, comme l'impression qui naît du paysage.

Lorsque les tribus, primitivement nomades au hasard, se sont mutuellement limitées dans des espaces plus circonscrits, elles conservent longtemps l'usage de la tente et la mobilité de leurs stations. Cette coutume, qui s'observe dans une grande partie de l'Algérie et correspond à tout un système d'existence, tient à des causes matérielles et à des causes sociales. Quand les territoires à cultiver sont insalubres, les indigènes n'y descendent que pour les semailles et les moissons, et passent sur les hauteurs avoisinantes le reste de l'année : la tente seule se prête à une telle alternance de campements. A défaut de fumier qu'on ne sait pas amasser, le parcage du bétail autour ou à l'intérieur du *douar* fertilise tour à tour les diverses parties du territoire. La jachère, dont ne peut se passer une agriculture rudimentaire, déplace d'année en année les labours et les récoltes : de grands espaces lui sont nécessaires pour nourrir une petite population. Trop peu industrieux pour dominer ces influences, l'Arabe trouve plus de facilités dans l'existence mobile que l'habitude remplit d'attraits. A ces raisons économiques, d'autres s'allient : le défaut de sécurité politique, l'absence de propriété privée. Menacé par la cupidité oppressive de ses chefs, il donne à sa fortune la forme qui lui permet de la mieux soustraire à leur confiscation, et il ne s'attache pas à un sol dont il n'a pas la libre disposition.

§ 14. — *Les Déserts, les Oasis.*

Les déserts sont des steppes réduites au dernier degré de productivité, qui n'est pourtant pas la stérilité absolue; même dans celui qui passe justement pour le type du genre, le Sahara africain, il y a, sauf quelques larges traînées de dunes purement sablonneuses, une courte végétation, nourrissant quelques animaux sauvages ou domestiques, et une population humaine qui vague avec ses troupeaux au travers des solitudes. Aux points où se dressent des montagnes d'une certaine élévation, comme le *djebel* Hoggar, il pleut, des sources coulent et rafraîchissent des arbres et des prairies : la vie nomade s'y combine avec un germe de vie sédentaire.

De l'aridité des déserts, due aux sables qui les constituent, dérive leur fonction économique, malfaisante dans son essence. Plus que les mers, plus que les montagnes, les déserts séparent les familles humaines. L'agriculture des zones voisines en subit l'influence. Du sein des plages ardentes comme des fournaises, s'élèvent des vents qui brûlent au loin les jeunes pousses des arbres et dessèchent les récoltes sur pied : de là s'élancent aussi des nuées de sauterelles dévastatrices écloses au soleil des tropiques. Mais comme nulle part, sauf auprès du pôle, l'homme n'est vaincu par la nature, le désert lui-même a dû se prêter à servir ses besoins. Le commerce s'est approprié le chameau, que la nature avait admirablement doué pour être le navire du désert, et grâce à lui de longues caravanes ont pu traverser la mer de sable. La protection des caravanes amies, le pillage des autres, ont procuré aux habitants du désert les revenus que leur refuse le travail. La douane s'est installée au désert, sous la forme qu'indiquait la nature du transit, et elle s'y accommode d'un prélèvement en nature, volontaire ou contraint, substitué à l'argent.

Quel que soit le gain obtenu par cette intervention, il ne fournit pas les vivres que le Saharien doit demander surtout au lait des chamelles, réduites elles-mêmes à brouter des herbes rares et des buissons secs. L'existence tout entière s'en ressent. Sobre, maigre, nerveux, agile, trop disséminé dans l'espace pour constituer des corps compactes de sociétés, le Saharien, comme l'ancien Scythe, comme le moderne Turcoman ou le Tartare, forme des confédérations aux limites peu précises, et des alliances extérieures qu'il resserre volontiers par des mariages multiples échelonnés sur les principaux points de sa route. Les puits, ainsi que nous l'avons dit, creusés dans le sable, marquent les étapes des voyages et deviennent le rendez-vous des marchands, qui se transmettent, par un accord tacite, le soin de les protéger contre l'invasion des sables.

Le désert encadre l'oasis qui verdoie splendidement, même sous un ciel de feu. Nul autre détail sur le globe ne montre mieux le lien intime des hommes et des lieux, de la force sociale et de la forme géographique. Au milieu de ces affreuses solitudes où s'est réfugié l'homme libre refoulé par l'invasion, poursuivi par l'ennemi, qu'une source soit découverte, qui coule tant soit peu abondante, aussitôt la tribu fixe ses tentes alentour pour cultiver les grains et les légumes, pour y planter des arbres fruitiers, que les eaux vivifient. Bientôt la tente est remplacée par la maison de terre ou de pierre; avec elle la vie sédentaire succède à la vie errante, le travail à l'oisiveté, la culture intensive au parcours pastoral, l'aisance aux privations. Riante comme un jardin et un verger, abritée comme une cachette, l'oasis devient le magasin de dépôt, l'entrepôt commercial, le marché des vivres des peuplades restées nomades. Un voyageur croirait voir deux races, comme deux sociétés opposées : un simple filet d'eau a opéré cette transformation. Ce phénomène s'observe, aussi bien qu'en Afrique, en Arabie, en Perse, dans toute l'étendue de l'immense zone de sables qui prend en travers l'ancien continent, depuis l'extrémité occidentale de l'Afrique jusqu'au voisinage des confins orientaux de l'Asie, sur 132 degrés de longitude, avec une largeur variable. Sous la fécondation des eaux jaillissantes, l'Algérie voit tous les ans naître des oasis, bientôt après peuplées et cultivées par des nomades, heureux de se fixer au sol et d'y planter des dattiers, dont le produit est tel, que chaque pied supporte aisément un impôt de 30 centimes, plus que ne fait une lieue de steppe ou de désert. Les charmes et les profits de ces séjours délicieux attirent même les Européens que l'on a vus, en 1863, prendre part aux enchères d'une oasis mise en vente, et en porter le prix, concurremment avec les indigènes, à 3000 francs l'hectare.

Le Touât, les pays de Ghadamès et de R'at, le Fezzan, sont des oasis dans le grand désert, comme, plus à l'orient, Augilah et Syouah ; l'Égypte tout entière n'est qu'une longue et étroite oasis créée par le Nil entre le désert de Libye et ceux d'Arabie et de Syrie, qui se prolongent à travers la Perse et l'Afghanistan, le Turkestan et le Thibet jusqu'à la Mongolie, où ils prennent le nom de désert de Gobi. Partout, sur cette immense bande de terre d'une stérilité désolante, on voit des cultivateurs groupés autour d'un puits, d'une source, d'un mince cours d'eau, veillant sans cesse contre les pasteurs et les chasseurs, à qui la stérilité du désert fait du pillage une condition d'existence. Lutte plus difficile encore et plus continue, ils ont à combattre les sables que le vent accumule autour de leurs cultures et de leurs demeures. Malheur aux populations imprudentes qui se distraient de ce soin ! Peu à peu les sables empiètent, débordent ; ils ensevelissent la demeure des hommes. Un jour Palmyre, Ninive, Babylone, Ecbatane, dorment de l'éternel sommeil des ruines. Des sociétés déjà civilisées et sédentaires ont par là reculé vers la barbarie. La horde s'est reformée. Depuis les temps historiques, l'Égypte a été diminuée d'étendue latérale par le progrès de l'ensablement, et sans d'incessantes précautions, elle serait enfouie à son tour. C'est une des raisons majeures qui font du travail forcé l'une des lois fondamentales de l'Égypte, et cette loi trouve un second appui dans le Nil, dont les eaux entraînent un limon qui, mêlé au sable, le fertilise et le fixe : non retenues, elles ravageraient tout.

Quand des rivières traversent le désert, des villes

peuvent y naître, parce que l'eau et la chaleur assurent, en fertilisant les terres, l'abondance des vivres; tandis que les steppes, couvertes d'herbages plus propices à l'élève du bétail, prolongent la dispersion des familles et des tribus. C'est ce qui explique comment l'Arabie, malgré l'aridité générale de son sol, doit aux montagnes qui la traversent et aux sources qui en dérivent, de posséder plus de villes que la steppe des Kirghis tout entière, avec ses 400 000 tentes (1).

§ 15. — *Les Bancs sous-marins.*

En passant du domaine des terres dans celui des mers, nous avons à signaler, dans certains bancs formés par des amas de matières hétérogènes, de remarquables propriétés économiques. A ne parler que du plus important, le banc de Terre-Neuve, quelle action n'exerce-t-il pas depuis quatre siècles sur la marine, le commerce, la consommation des peuples! Après avoir mis les pêcheurs sur la voie de l'Amérique du Nord, il a provoqué des guerres, inspiré des traités, créé dans des îles presque inhabitables des pêcheries florissantes, développé l'industrie, le génie et la puissance maritimes. Ce banc inscrit dans nos budgets annuels des primes aux armateurs, assure aux matelots des salaires, et fournit aux deux mondes un excellent aliment à bon marché, l'humble et populaire morue.

(1) Humboldt, *Cosmos*, II, 251.

§ 16. — *Les Courants marins.*

La fonction économique des courants maritimes est des plus manifestes, à la fois très-intense et très-générale. Les courants maîtrisèrent la marche des navires primitifs et firent découvrir, sans intention de recherches, les terres inconnues. Ils sont toujours de puissants auxiliaires ou obstacles pour la navigation ; et c'est en accélérant ou retardant la marche des bâtiments, suivant qu'ils sont connus ou ignorés, qu'ils influent sur la condition des peuples. Des effets de ce genre peuvent atteindre des proportions surprenantes. C'est ainsi que le lieutenant Maury, de l'observatoire de Washington, a accru, de quantités presque incroyables, la richesse des nations en découvrant les lois de la géographie caractérisée principalement par la direction, l'intensité, la température des courants. L'économie due à l'usage de ses cartes était évaluée, en 1854, à 2 250 000 dollars pour le seul commerce d'exportation des États-Unis. Grâce à lui, la traversée de Washington à l'équateur a été abrégée de dix jours ; celle de Californie a été réduite de 185 jours à 135. Tous les peuples recueillent de cette découverte leur part de bénéfice. Entre l'Angleterre et l'Australie, la traversée moyenne, qui était de 125 jours à l'aller et autant pour le retour, n'est plus que de 97 jours pour aller et 63 pour revenir : 160 jours au lieu de 250. Avec une épargne de 90 jours de temps, quelle épargne de frais d'armement, de risques, d'assurances, de travail, de salaires et de capitaux !

Le plus célèbre de tous ces courants, le *Gulf-Stream*, non-seulement exerce une action bien connue sur les températures des régions de l'Amérique et de l'Europe qu'il avoisine, mais il étend son influence à la politique générale. Tant que les marins n'en connurent pas bien la nature et les mouvements, ils furent contrariés dans leur navigation vers les ports de la Nouvelle-Angleterre, Boston, New-York, et les ports du Sud bénéficièrent du courant qui leur amenait les navires; Charleston, qui est le plus rapproché du *Gulf-Stream*, devint un des entrepôts de la route. Dès que les lois de la navigation dans ce fleuve d'eau chaude furent connues, la traversée d'Europe aux colonies du Nord fut abrégée de moitié, tandis que celle aux ports du Sud restait à peu près la même. Les premières devinrent accessibles l'hiver comme l'été ; au lieu d'être une étape presque obligée de la route, Charleston ne fut qu'un port extérieur et écarté (1); la suprématie commerciale et économique de New-York fut assurée, et la prépondérance du Nord renforcée.

§ 17. — *Les Climats, la Température.*

En nous élevant par la pensée de la terre et des eaux dans l'atmosphère, nous avons à étudier divers phénomènes dont l'action, tantôt isolée, tantôt combinée, se fait sentir à tous les êtres organisés, aux végétaux et aux animaux, aussi bien qu'aux hommes ; ce qui en fait autant d'agents de la condition économique des so-

(1) Maury, *Géographie physique des mers.*

ciétés. Leur ensemble constitue le climat des diverses localités, et la température en est le principal élément.

En déterminant les végétaux et les animaux propres à chaque région, la température détermine du même coup les cultures et les aliments, qui, à leur tour, règlent le régime du travail et les habitudes. Par cette solidarité de rapports, la division populaire du globe en zones torride, tempérée et glaciale, entre lesquelles il conviendrait peut-être d'intercaler deux zones intermédiaires, la *froide* (0° à + 10° de température moyenne) et la *chaude* (20° à 25°), révèle à première vue l'une des harmonies fondamentales de la nature avec les sociétés humaines.

Dans la zone glaciale du nord, la seule habitable (— 0° de température moyenne), le froid extrême rabougrit les arbres, qui finissent par disparaître entièrement ; les mousses et les lichens, seuls végétaux qui résistent, ne peuvent nourrir que le renne ; faute de chaleur qui mûrisse les fruits de la terre, l'agriculture est impossible, et l'industrie, quoiqu'elle ait à sa disposition des minéraux et quelques bois, se réduit à la pêche, à la chasse, au transport sur traîneaux tirés par des chiens ; le commerce est borné aux fourrures et pelleteries, à la graisse et à l'huile des poissons. L'homme se creuse des tannières ou s'abrite sous des huttes demi-souterraines ; les familles vivent à l'état sauvage, plus isolées par le froid que rapprochées par le besoin, et croupissent dans une incurable misère qui leur enlève même la force morale nécessaire pour émigrer de ces affreuses solitudes.

La zone froide (0° à + 10° de température moyenne)

se montre beaucoup plus propre aux arbres, et permet une agriculture à herbages et racines, complétée par quelques céréales, quelques légumes, quelques plantes textiles bien rustiques. Son cadre est réduit par la nécessité de réserver beaucoup de bois pour le chauffage, par le peu de journées de travail, par les faibles rendements des récoltes. C'est assez néanmoins pour que, dans les endroits les plus fertiles et les mieux exposés, la vie sédentaire avec ses divers agréments succède aux misères de la zone glaciale.

Les zones tempérées (+ 10° à + 20° de température moyenne) réunissent les conditions les plus favorables au travail humain. Les herbages et les arbres, les céréales, les légumes, les racines, les fruits, la vigne, s'y succèdent dans la plus agréable variété. L'alternance bien marquée des saisons ramenant le froid et le chaud par intermittences régulières, habitue les ménages à la prévoyance et à l'épargne, sans imposer d'effort excessif. Les impressions de l'atmosphère sont rudes en hiver mais toniques, et douces dans les autres saisons sans être énervantes. Bien dotées par la nature et enrichies par leur propre labeur, les sociétés des zones tempérées s'élèvent aux arts, aux sciences, à la politique, à tous les attributs de la civilisation. Tant de privilèges font de ces régions bénies un objet de convoitise pour les habitants des zones froides, que l'on a vus de tout temps, dans notre hémisphère, se précipiter vers le sud. On constate qu'à mesure que les zones tempérées se réchauffent en avançant vers l'équateur, l'indolence apparaît : le lazzarone de Naples, l'Arabe d'Algérie.

Les zones chaudes (20° à 25°) reproduisent les mêmes avantages, avec une exubérance de séve végétale et animale qui satisfait les besoins moyennant peu de travail. Par une disposition générale chez tous ses habitants, ils inclinent à la paresse en proportion même de ce que la nature a fait pour eux, et cette disposition se montre avec toute sa franchise dans la zone torride (25° à 28° de température moyenne). Ici les aliments abondent ou s'obtiennent par le plus léger effort. La chaleur dispense des vêtements et réduit l'instinct de la pudeur à sa plus simple expression, et quelquefois même l'anéantit en entier. L'habitation peut se borner à une hutte de feuillage et de branchages. Amollies encore plus que les corps par cette libéralité de la nature, les âmes languissent, indolentes dans la liberté, ou subissent l'esclavage sans révolte. Dans ces embryons de société qui sont incapables de s'élever seuls à la civilisation, faute d'industrie et de prévoyance, d'affreuses disettes sévissent pour peu qu'un accident emporte les vivres ou que la population dépasse les subsistances. De là cette abominable coutume que la zone torride connaît presque seule, du cannibalisme, qui remplace par la chair de l'homme la nourriture qui manque. Puisque la facilité de vivre sans travail restreint la production dans la zone torride, l'intervention fraternelle des sociétés supérieures doit raffiner les besoins matériels, susciter les besoins moraux, mettre en jeu des ressorts qui donnent au travail quelque attrait. C'est faute d'avoir employé de tels mobiles que le régime colonial s'était constitué sur l'esclavage ou travail forcé qu'une partie de la confédération américaine défend avec des sophismes qui sont un scandale.

Dans l'aperçu qui précède des rapports naturels entre la température et l'économie productive des sociétés, nous avons marché des pôles vers l'équateur. Pareille correspondance se renouvelle dans la série des altitudes. Sur l'échelle des hauteurs inégales qui forment les montagnes, de leur base au sommet, les races et les sociétés humaines se montrent diverses comme les climats, comme les produits végétaux. Du Mexique au Chili, la chaîne des Andes présente le spectacle de ces contrastes. Sur le littoral et dans les plaines basses, les débris de la race indigène ou les noirs qui l'ont remplacée, les uns et les autres invulnérables au climat ; à mi-hauteur les métis ; tandis que, sur les cimes et les plateaux élevés, aux indigènes et aux métis s'entremêlent les blancs, ou créoles ou natifs d'Europe, qui retrouvent dans la zone intertropicale, au pied de pics couronnés de neiges éternelles, à plusieurs milliers de mètres d'élévation, le climat d'Europe. Les sociétés qui possèdent ces variétés de populations et de produits favorables aux échanges, avanceraient rapidement vers une haute civilisation, si elles n'avaient d'autres obstacles à vaincre ; entre autres les difficultés des communications et d'ordinaire l'éloignement de la mer.

La température s'élevant du pôle à l'équateur, tandis que les lignes isothermes vont de l'est à l'ouest, cette loi naturelle a pour conséquence de multiplier davantage la diversité des produits, et par suite les échanges, dans le sens des méridiens que dans celui des parallèles : considération qui peut trouver sa place dans les questions de viabilité, de traités de commerce et de colonisation.

§ 18. — *Les Vents.*

Comme agents de chaleur et de froid, et comme forces motrices, les vents interviennent dans l'économie des sociétés humaines. De tout temps leur souffle poussa les navigateurs vers les hautes mers et les terres inconnues ; et lorsque leur direction, avec toutes ses variations, eut été bien observée, ils devinrent les puissants auxiliaires de la navigation et du commerce. Éole ne déchaîna pas seulement d'aveugles tempêtes : il enfla d'une haleine intelligente les voiles qui ne tardèrent guère à compléter et remplacer les rames. Les moussons de l'océan Indien, connues peut-être des Hébreux et des Phéniciens, certainement des Arabes, rapprochèrent l'Afrique orientale de l'Arabie, du golfe Persique, de l'Inde et de Ceylan. Sans les moussons, un iman n'eût pas songé à soumettre à la même autorité le pays de Mascate, en Asie, et celui de Zanzibar, en Afrique, séparés par plus de 600 lieues que les vents favorables font parcourir en quelques jours. C'est probablement la mousson du nord-est qui a conduit à Madagascar la tribu malaise des Hovas laquelle s'y est rendue maîtresse du pouvoir ; c'est elle encore qui conduit les banians de l'Inde dans toutes les stations de l'Afrique orientale, dont ils sont les principaux marchands et les seuls banquiers, et c'est la mousson du sud-ouest qui les rapatrie.

Dans l'océan Atlantique, les vents alisés, qui soufflent

de l'est à l'ouest, eussent fait de bonne heure découvrir l'Amérique, si elle eût été moins éloignée ; ils ont poussé les pècheurs basques vers les eaux du *Gulf-Stream*, qui les ont entraînés vers Terre-Neuve ; quand le nouveau monde a été enfin découvert, ces courants atmosphériques, portant rapidement d'Afrique en Amérique, ont singulièrement aidé, par la facilité des traversées, les traitants d'esclaves.

A terre, les vents influent sur l'agriculture, dont ils favorisent ou contrarient les récoltes, suivant les cas ; sur l'industrie, dont ils meuvent les moulins, l'un des premiers instruments qui aient allégé la servitude de la femme et servi à épuiser les eaux stagnantes et souterraines. Leur action donne une valeur à des localités qui n'ont d'autre mérite que d'être situées en des lieux découverts et au bord de la mer, et soumises aux brises alternatives de jour et de nuit. Mais, sans entrer dans des détails, contentons-nous de signaler les conséquences économiques du système général de circulation aérienne. Sous la zone torride, les couches d'air échauffées s'élèvent dans le haut de l'atmosphère et sont remplacées par des couches d'air plus froid venues de la mer ambiante ou des pòles. Celles-ci, par leur déplacement progressif du nord au sud dans notre hémisphère, établissent un courant d'air froid, allant du pôle vers l'équateur, qui refroidit la température dans la moitié nord de l'Europe et la rend glaciale dans la Russie entière, car toute cette immense zone est ouverte sur le pôle boréal sans aucune barrière transversale de chaînes montagneuses. Agriculture impossible ou médiocre, industrie difficile, population rare, communications coûteuses, puissance économique et politique faible relativement à l'étendue; telles sont, dans une certaine mesure, les conséquences d'une disposition géographique qui livre une vaste contrée à l'action prédominante sans correctif des vents polaires.

Les vents sahariens exercent une influence tout autre en Afrique, la partie du monde la plus exposée aux feux du soleil, dont le grand désert redouble l'ardeur. Le *simoun* dessèche les herbes et condamne les populations à la vie nomade, parce qu'il leur faut changer de pâturages pour nourrir leurs troupeaux de moutons, de chèvres, de chameaux. Ses tourbillons ensevelissent dans un linceul de sable les caravanes surprises, ou, comblant les puits, changent les routes commerciales du désert. S'avançant sur la lisière du nord et changeant de nom, le *sirocco* enflamme l'air, dessèche les arbres, les récoltes, les poumons des animaux : il est un des fléaux de la Berbérie. Quand il franchit la Méditerranée, son influence est tantôt funeste aux moissons qu'il brûle, tantôt favorable aux cultures. Le plus souvent il est agréable et même utile, par la tiédeur que lui ont donnée les eaux fraîches de la Méditerranée. Sous le nomde *föhn* (peut-être le *favonius* des Latins), il favorise en Suisse la fonte des neiges et des bords des glaciers, et rend possible l'agriculture en des temps et des lieux où elle serait impossible sans cette aide bienfaisante. Il n'est pas rare que l'Autriche et le midi de l'Europe orientale ressentent de même le souffle des vents chauds d'Afrique et quelquefois d'Arabie.

L'industrie humaine a su tirer parti de ces propriétés desséchantes en recueillant la gomme qui découle des arbres dont les vents sahariens fendent l'écorce. L'*harmattan* est le vent né sur la lisière méridionale du Sahara, à qui l'on doit la gomme des acacias qui poussent entre le désert et le fleuve du Sénégal. Elle est d'autant meilleure et abondante que le souffle a été plus brûlant; et comme la température se ressent du voisinage du Sahara, cette circonstance, fâcheuse à tant d'autres égards, assure à la gomme du Sénégal la supériorité sur toutes les similaires récoltées plus loin du désert.

§ 19. — *Les Eaux du ciel, les Pluies, Neiges, Rosées, Grêles.*

Sous ces diverses formes, l'eau distribuée dans l'atmosphère exerce sur le sort matériel des sociétés des influences de tout temps remarquées. La vapeur d'eau se congèle-t-elle en neiges éternelles et en glaciers, elle alimente les fleuves, les rivières, les lacs, dont nous avons montré le lien intime avec les conditions de l'agriculture et de l'industrie. Les régions qui manquent de ces hauts réservoirs ont rarement un système hydrographique suffisant aux besoins : c'est le défaut de l'Afrique, où les neiges permanentes ne s'observent que sur un petit nombre de points, sans former nulle part de vastes plaines de glace. La vapeur d'eau se résout-elle en neige, non pas permanente, mais consistante pendant quelques mois seulement, elle couvre les semailles confiées au sol d'un manteau qui les réchauffe, et dont la fonte, aux tièdes rayons du printemps, pénètre les terres d'une humidité favorable à la végétation, et renouvelle les sources dans les profondeurs du sol. L'eau coule-t-elle en pluies, la terre rafraîchie en devient d'autant plus fertile que la température est plus chaude, jusqu'à la mesure où elle serait excessive et produirait l'inondation : par là prennent place dans nos règlements civils toute une suite de dispositions sur la propriété et l'usage des eaux, ainsi que les opérations si importantes, au point de vue économique, de l'irrigation, du drainage, de l'endiguement des torrents et des rivières. Enfin les eaux du ciel, en s'infiltrant sous terre, y forment des nappes invisibles que la sonde découvre et fait jaillir en puits artésiens, précieuse ressource pour la consommation domestique, industrielle, agricole. Dans les contrées, telles que la plupart des plateaux calcaires, où les roches sont superposées à plat, au lieu de se creuser en cuvettes, les eaux, s'écoulant par les issues de leur pourtour, produisent des sources, des chutes, des cascades, dont les propriétés alimentaires, motrices et fertilisantes, déterminent l'emplacement des villages et des usines, et deviennent le principal élément de la prospérité. Presque partout, du reste, la population s'est rapprochée des cours d'eau pour assurer la boisson des hommes et des animaux, et il est une multitude de villes qui doivent leur existence à une source abondante. Quand les sources possèdent des propriétés médicinales, dues à la dissolution de certaines substances ou à une haute température, elles provoquent, à titre d'eaux minérales et thermales, la création d'établissements sanitaires qui deviennent souvent de riches cités, et toujours répandent beaucoup d'argent et d'animation dans le pays qui en est doté. La simple fraîcheur des eaux donne de nos jours, grâce à la faveur dont jouit l'hydrothérapie, une valeur commerciale à des sources et à des courants privés de toute autre utilité. Nous avons dit le rôle que jouent les puits dans les déserts et comment de simples filets d'eau font naître une oasis. Mentionnons enfin la rosée, comme devenant par le rouissage une auxiliaire de la mécanique et de la chimie.

Considérées dans leurs rapports avec les zones terrestres, les pluies sont un des principes constituants des climats. Variables en quantité et en intensité, réparties à peu près sur toute l'année par périodes intermittentes, elles caractérisent les zones tempérées; continues et régulières pendant presque toute l'année, elles caractérisent la zone équatoriale et torride. Entre ces deux termes, se place toute une série de transitions, dont la plus remarquable est la division de l'année en deux périodes semestrielles marquées par la chute ou l'absence des pluies, l'hivernage et l'estivage. Non-seulement les travaux agricoles, mais les mœurs, les lois, les institutions, la santé publique, l'architecture, se ressentent du système régnant des pluies.

Au-dessus des déserts qui avoisinent le tropique d'Afrique en Asie, sur toute la largeur de l'ancien continent, il ne pleut pas, parce que les sables brûlants enflamment l'air ambiant, ce qui empêche la vapeur d'eau de se condenser en pluie et en rosée. La stérilité du fonds géologique, se combinant avec une chaleur violente, écarte le seul remède qu'elle puisse avoir, l'imbibition de l'eau pluviale : condamné à une incurable sécheresse, le désert devient ainsi éternel, à moins de recourir à l'irrigation artificielle. Un phénomène analogue s'observe, avec les mêmes effets, autour des montagnes pelées des pays chauds que le déboisement a privées de toute végétation : aucune vapeur d'eau ne peut se condenser autour de ces sommets échauffés ; aucune source ne coule de leurs flancs et à leurs pieds.

Dans les pays méridionaux (nous parlons pour l'hémisphère septentrional) où la sécheresse, sans être permanente, est fréquente, elle entraîne des pratiques agricoles et des combinaisons économiques particulières. Elle fait préférer aux récoltes annuelles, trop chanceuses, les cultures arborescentes et les vignobles ; elle écarte le fermage qui suppose une régularité annuelle des produits, et recommande le métayage qui répartit également les risques entre le propriétaire et le cultivateur.

Les sécheresses accidentelles, comme la surabondance des pluies ou des brouillards, en détruisant les récoltes, entraînent des pertes et des misères qui appellent des dégrèvements d'impôts et des secours.

Les grêles, qui causent les mêmes dommages et réclament les mêmes indemnités, pénètrent aussi, par les assurances, au cœur de la sphère économique. Les localités particulièrement exposées à leurs ravages par leur condition topographique, ce que l'expérience ne tarde pas à apprendre, trouvent difficilement à se faire assurer. L'assurance mutuelle y remplace presque toujours l'assurance à prime fixe, et l'une comme l'autre élèvent la prime à payer proportionnellement au risque (1).

§ 20. — *La Lumière.*

Les propriétés économiques de la lumière sont moins manifestes : ce n'est pas que, par les divisions du jour et de la nuit, elle n'influe sur toutes nos habitudes sociales; par la proportion relative d'heures éclairées et de ténèbres, elle est de la plus haute considération pour l'économie domestique et pour l'édilité; par sa distribution inégale suivant les climats, elle détermine la consistance variable des tissus organiques et favorise certains êtres de préférence aux autres; la coloration diverse des races humaines dépend sans doute aussi, en quelque chose, des rayons lumineux. Mais ces actions rentrent plutôt dans l'ordre physique et physiologique. Son action la plus directe sur les sociétés humaines paraît être dans l'avantage qu'elle assure à certaines contrées par la transparence de l'air et la sérénité du ciel; encore l'état hygrométrique de l'atmosphère entre-t-il pour moitié dans ces facilités. C'est en effet sous les climats en même temps secs et inondés de la lumière du soleil pendant le jour, de la lune et des étoiles pendant les nuits tièdes, que l'astronomie a pris naissance, en Chaldée, en Syrie, en Égypte; et la connaissance des astres a réglé l'agriculture, dirigé la navigation, inspiré le culte. De cette contemplation

(1) Si nous voulions sortir du cercle purement géographique, nous terminerions ce paragraphe par la vapeur d'eau, dont le grand rôle dans l'industrie contemporaine n'a besoin que d'être indiqué.

du ciel au centre d'horizons sans fin, il est résulté aussi cette élévation naturelle des âmes vers Dieu et cette aspiration à l'infini, qui ont prédisposé la race sémitique, campée en Syrie et en Arabie, à la fondation des trois grandes religions de l'humanité dans l'Occident : le judaïsme, le christianisme, l'islamisme.

Ce privilége des belles nuits rayonnantes et limpides, propres aux régions subtropicales et chaudes, y appelle les observatoires de la civilisation, qui, sous les brumeux climats du Nord, ne fonctionnent que par intervalles ; et ces établissements de la science sont toujours le prélude de quelques bénéfices économiques, ne fût-ce que par l'étude approfondie du climat local, dont la connaissance importe tant à l'agriculture.

§ 21. — *Le Magnétisme terrestre.*

Plus certaine et plus matérielle est l'action des courants magnétiques : il suffit de nommer la boussole pour en résumer d'un trait les incalculables bienfaits ; à elle doivent leurs premiers progrès la navigation et la géodésie, l'une et l'autre si essentielles dans l'économie des sociétés. Mais il reste à découvrir quels rapports existent entre la direction et l'intensité des courants magnétiques, d'une part, et les produits organiques ou les richesses minérales distribués sur le globe, et dont le feroxydulé-magnétique est un exemple. Outre les exploitations industrielles que l'aimant détermine, y a-t-il d'autres rapports entre le magnétisme terrestre et l'état des sociétés humaines ? C'est une question encore entourée d'un profond mystère.

§ 22. — *L'Électricité.*

Les services les plus éminents de l'électricité se résument aussi en un mot : le télégraphe électrique. Sous le louable aiguillon de l'émulation internationale qui se traduit en profits directs, tous les pays civilisés se jalonnent de poteaux de bois unis par des fils métalliques, avec une ardeur qui promet à notre siècle l'établissement d'un réseau universel de communications intellectuelles presque instantanées : image exacte du réseau nerveux qui distribue la sensibilité et le mouvement aux animaux. Quand il sera plus avancé, l'unité du genre humain passera du domaine des croyances et des théories dans celui des faits, et l'unité géographique du globe se fortifiera de l'unité économique, conciliée avec une extrême variété de produits.

C'est ici le lieu de rappeler que la foudre a provoqué le génie humain à découvrir le paratonnerre et à constituer les assurances contre le feu du ciel, qui en ont enfanté beaucoup d'autres, gages de sécurité pour les assurés, instrument de fortune pour de nombreuses compagnies.

§ 23. — *Les Tempêtes.*

Le procédé financier des assurances était né, longtemps auparavant, comme aussi le contrat à la grosse, des risques que courent les navires, et où l'électricité joue un grand rôle. Tempêtes, ouragans, raz de marée, cyclones, typhons, trombes : sous des noms divers, ces désordres violents de la mer et de l'atmosphère causent des désastres pareils; ils engloutissent les navires ou les brisent contre les rivages. Ces dangers, l'assurance maritime les calcule, les taxe et les rachète, le contrat à la grosse les brave. La réparation est moins facile sur la terre qui ressent le contre-coup de ces accidents par la destruction des récoltes, par le renversement des arbres et des maisons, par le bouleversement des travaux publics. Malheur aux régions placées sur le trajet habituel de ces terribles météores, qui ont pour la plupart, entre autres les cyclones et les typhons, leur aire normale! elles inscrivent pour longtemps dans leurs annales, en souvenirs de deuil et de dépenses extraordinaires, les années marquées par ces néfastes épisodes. L'île ou la terre voisine, qui peut offrir un refuge aux navires désemparés, acquiert la prépondérance sur celle à qui manque un port, et qui voit les assurances de sa navigation atteindre à un taux écrasant, ou même les navires intimidés s'éloigner de ses rives. Ce sont l'île de France et Bourbon, dont la valeur respective fut mieux appréciée en 1815 des diplomates anglais, versés dans la géographie économique, que des Français qui l'ignoraient.

Sous la menace toujours imminente de ces fléaux qui semblent indomptables, le génie humain ne s'est pas découragé : il a étudié les mouvements des cyclones, il en a découvert les lois dans leurs divers parages, et sauvé par là bien des personnes, bien des richesses; la science a même, par une heureuse hardiesse, fait servir la force du tourbillon à une plus rapide translation des navires dans la direction de sa route.

§ 24. — *Les Volcans.*

Les volcans montrent sous d'autres aspects les puissances destructives de la nature et leurs effets économiques. Sous les laves et les cendres disparaissent les cités avec leurs habitants, les fermes, les routes, les plantations, les récoltes : capitaux et revenus pour toujours détruits et qui ne pourront être reconstitués que par le travail séculaire des générations, coûteux renouvellement d'une œuvre déjà faite. L'archéologie seule donne quelque valeur aux ruines. Par la terreur que répandent les volcans, les régions avoisinantes restent en partie incultes et inhabitées, à moins que leurs éjections n'aient produit une fertilité exceptionnelle qui fait braver le péril.

§ 25. — *Les Tremblements de terre.*

Le danger est moins saisissant avec les tremblements de terre, parce qu'il frappe la mémoire plutôt que les yeux et qu'il est d'ailleurs plus soudain et plus court; et néanmoins il peut entraîner d'immenses catastrophes. Depuis Balbeck jusqu'à Lisbonne (1), l'histoire est remplie de ces malheurs qui ont englouti tant de villes et enseveli les populations sous leurs décombres, bouleversé quelquefois le sol d'un pays. L'obstruction d'un port, une source tarie, peuvent atteindre dans son principe la fortune d'une cité.

(1) Et Manille, depuis la lecture de ce mémoire,

Quelquefois même le tremblement de terre a des conséquences politiques : à la suite d'une catastrophe de ce genre vers la fin du XVIIIe siècle, la ville d'Oran fut abandonnée aux Arabes par les Espagnols, fatigués d'une occupation sans sécurité.

De nos jours, tout pays menacé de fréquents tremblements de terre est exposé à se voir fermer tout crédit hypothécaire sur ses maisons ou à payer le risque par le taux de l'intérêt, à moins qu'il n'adopte un système d'architecture propre à atténuer le contre-coup de ces commotions : même avec cette précaution, les accidents de ce genre resteront toujours en dehors des assurances.

La stabilité d'une grande partie des établissements humains repose sur la rareté des tremblements de terre, et c'est pourquoi l'économie politique, personnifiée dans l'édilité des villes, en doit tenir grand compte.

§ 26. — *Les Minéraux.*

Après avoir parcouru les milieux liquides, solides et gazeux au sein desquels se développent les sociétés humaines, et qui sont le domaine propre de la géographie, nous allons jeter un coup d'œil rapide sur les grandes catégories de produits qui composent la matière du globe terrestre, et que la science géographique enregistre suivant leur distribution, la science économique suivant leur emploi, sans les étudier spécialement : ce sont les minéraux, les végétaux, les animaux.

Les matières minérales s'offrent à l'exploitation humaine sous deux formes principales : tantôt mêlées à une couche plus ou moins épaisse de terre végétale, elles sont le sujet de l'agriculture ; tantôt réduites à elles-mêmes, elles sont l'objet de l'industrie : sous ces deux formes elles ont les rapports les plus intimes avec la condition économique des sociétés.

a. **Emplois agricoles.**

Les roches qui constituent la charpente osseuse du globe possèdent, tant par leur composition propre que par leur décomposition et leur mélange, des propriétés qui établissent entre les diverses contrées géographiques, des différences notables et dans la nature des cultures et dans le rendement des récoltes. Ici la terre fertile récompense libéralement le travail de l'homme, ailleurs il use ses forces pour le plus maigre résultat : de là des pays naturellement appelés à la richesse ; d'autres naturellement condamnés à la pauvreté. Cette fertilité dépend de la proportion des éléments chimiques et physiques, suivant des lois que nous n'avons pas à étudier ici ; les applications économiques nous importent seules.

La fertilité du sol, assurant des récoltes régulières et abondantes, nourrit et enrichit une population vigoureuse et nombreuse, élève de confortables demeures, multiplie les villages, suscite et enrichit des villes, assure la puissance politique des États. A moins que les lois ne s'y opposent, en de tels pays la propriété tendra à se morceler entre les familles, dont chacune se prendra d'amour pour une terre qui récompense généreusement ses peines ; et comme les petites et moyennes fortunes sont toujours plus nombreuses que les grandes, les petites et moyennes propriétés ou cultures deviendront la règle dominante.

Ces effets, quelque probables qu'ils soient, peuvent être neutralisés par le climat, qui, comme nous l'avons vu, invite à l'indolence sous les tropiques, parce que la nature y dispense trop l'homme d'un travail soutenu.

La stérilité du sol aboutit à des résultats différents : populations chétives, rares, disséminées en de rares chaumières et de pauvres hameaux, villes distantes l'une de l'autre, faible puissance des arts, des sciences, de l'administration. Néanmoins, ici encore, le génie natif de la race et un milieu qui excite au travail et lui ouvre les voies du commerce et de l'industrie, peuvent faire contre-poids à l'action naturelle du sol : témoin l'Attique dans l'antiquité.

La composition géologique du sol agit directement sur le système des cultures. Dans les terrains calcaires, où le sol a peu de profondeur, les eaux, amassées dans des excavations souterraines ou arrêtées par des couches d'argile, ne sourdent qu'en de rares fissures, au pourtour des plateaux et au fond des vallées ; la culture extensive des céréales y trouve son théâtre naturel ; les herbes, courtes mais savoureuses, y conviennent à l'élève du mouton. Ces terrains deviennent des pays de grandes fermes, où de gros villages sont échelonnés de loin en loin pour les foires, les marchés, le commerce de détail et les industries rurales : pendant l'été, la sécheresse prescrit la transhumance des troupeaux, si l'on se trouve au voisinage des hautes montagnes.

Moins fertiles, les pays granitiques et schisteux

poussent aussi à la culture extensive, mais avec d'autres caractères : par la multiplicité des sources, éparses à de petites distances, par la fraîcheur qu'elles communiquent aux herbages, ces terrains portent au régime pastoral et à la culture des fourrages ; les habitations sont disséminées, mais ne constituent que de petites et moyennes fermes et de faibles hameaux, parce qu'elles sont entourées d'une médiocre étendue de terrains cultivables ; la prédominance des pacages invite à la commune dépaissance, pour laquelle de vastes terrains sont réservés : trop pauvres pour suffire à leurs besoins administratifs, les communes sont réduites à l'état de sections communales, revendiquant toutefois la propriété de leurs communaux.

Enfin les terrains qui sont à la fois fertiles, meubles et profonds, appellent la culture intensive, qui peut enfouir utilement beaucoup de travail sur un étroit espace ; tels sont, entre autres, les pays alluvionnaires. Pour peu que les autres circonstances en favorisent le développement, les gros bourgs et les villes ne tardent guère à y former les centres d'une banlieue agricole et horticole riche et bien cultivée (1).

Un autre classement de terrains correspond à d'autres attributs agricoles, et notamment à la production du bétail. Les terrains primitifs et de transition sont

(1) « En France, c'est la composition argileuse des couches végétales qui a donné à la Brie, à la Beauce, au Vexin, leurs grandes fermes à blé ; comme c'est leur légèreté et leur profondeur qui ont donné à la Flandre française ses petites et moyennes fermes. » (Hippolyte Passy, *Rapport sur les systèmes de culture, et examen de leur influence sur l'économie sociale*.)

5

plus propices à la multiplication du cheval et du bœuf, les terrains secondaires et tertiaires à l'élevage de ces animaux : de là, toujours en tenant compte des climats, une division en deux branches de l'industrie et du commerce zootechniques qui réagit sur toute l'agriculture (1).

Le genre des cultures, suivant que le déterminent le climat, le sol et les débouchés, exerce également sa part d'influences. Les pâturages isolent les populations ; les céréales les dispersent à travers champs ; les vignobles les groupent en villages ; les cultures dites commerciales et industrielles les rapprochent en petites fermes contiguës ; les jardins, les vergers, les rattachent aux villes voisines qui embellissent et enrichissent la campagne environnante, si stérile qu'elle soit, à l'aide d'énormes capitaux et engrais.

D'après ces rapprochements, la vue d'un pays à vol d'oiseau ou son étude à l'aide d'une carte détaillée, peut faire pressentir de quels faits géographiques dérivent la condition économique de ses habitants, et leur répartition sur le sol, et réciproquement.

b. Emplois industriels.

Rien n'est plus connu que l'application des produits minéraux du sol aux besoins de l'industrie humaine, et c'est pourquoi il nous suffira de rapides indications.

L'économie politique, groupant ces matières à son point de vue propre, classe les métaux d'abord en deux

(1) Voyez Magne, *De l'influence des terrains sur la division de l'industrie zootechnique et sur la production des animaux.*

catégories : les métaux précieux et les métaux communs, les uns et les autres d'une utilité extrême, quoique bien différente.

Par leurs propriétés physiques et chimiques, qui presque de tout temps et en tout pays les ont fait adopter pour monnaie ou instrument d'échange, l'or et l'argent furent, dès la plus haute antiquité, les amorces primitives du commerce ; ils abondaient alors dans l'ancien continent comme aujourd'hui dans le nouveau. Leur recherche et leur trafic imprimèrent le premier mouvement d'émigration, de navigation et de colonisation, d'où naquirent la civilisation florissante de Tyr, de Carthage, de Marseille, et la connaissance d'une partie de plus en plus étendue du monde. Les poëtes maudirent la soif de l'or (*auri sacra fames*), mais les économistes la bénirent.

Le même sentiment, relevé cependant par des aspirations religieuses, conduisit en Amérique Christophe Colomb, ses compagnons et ses imitateurs. Du XVe au XVIIIe siècle, les mines d'or et d'argent du Pérou et du Mexique corrompirent les métropoles par les facilités données au luxe sans travail et à l'oisiveté des grands, en même temps qu'elles changèrent les fortunes par la baisse générale des valeurs. En notre temps, les pays aurifères, tels que la Californie et l'Australie, ont exercé la même attraction sans produire les mêmes dommages, parce que les lingots exportés ont été rapidement entraînés dans le courant d'une circulation productive. Au meurtrier travail des mines a succédé un état social, très-désordonné sans doute et plein de confusion à l'origine, mais qui est devenu, par l'autorité de la raison combinée avec la force, une société à peu près homogène et régulière.

A faire intervenir les causes finales, on admettrait volontiers que la profusion de l'or sur le globe a pour objet de procurer l'exploration, le peuplement et la culture des lieux qui, sans cet attrait, resteraient inconnus, inhabités et incultes. L'or et l'argent bruts sont des aimants qui attirent l'homme ; monnayés, ils représentent pour lui la richesse par excellence, la puissance, le plaisir.

Parmi les métaux communs, le fer est devenu d'un usage si universel, que l'on peut mesurer le degré de civilisation d'un peuple à la quantité de ce métal qu'il emploie. Le cuivre, le plomb, en de moindres proportions l'étain, le zinc, l'antimoine, le manganèse, concourent par d'autres propriétés à satisfaire ses besoins.

Ce que les mines de métaux ont procuré de travail, payé de salaires, accumulé de capitaux, fondé d'usines dans les régions que la nature en a dotées, nous n'essayerons même pas de l'indiquer : la métallurgie, avec tous les arts qui s'y rattachent, forme la moitié de l'économie des peuples. Elle crée une classe particulière d'ouvriers qui vivent d'une vie exceptionnelle dans les profondeurs de la terre, et appelle toujours une législation spéciale, dont le premier principe, chez la plupart des nations civilisées, est que les mines sont une propriété régalienne réservée à l'État.

Parmi les minéraux non métalliques, les pierres précieuses, le diamant en tête, exercent sur l'humanité une fascination égale à celle de l'or et de l'argent ; mais bornées à une fonction d'ornement, elles voient leur importance sociale limitée par leurs emplois. Pour le reste, nous nous bornerons à une simple énumération : chacun connaît, pour leur rôle dans l'économie industrielle et sociale, les combustibles minéraux (houille, anthracite, lignite, tourbe), les marbres, les pierres à bâtir, les pierres meulières, etc., les argiles, pouzzolanes, etc., les amendements minéraux (chaux, plâtre, marne, etc.), le sel marin, l'alun, le salpêtre, etc., le soufre, etc.

Toute localité qui possède ces richesses naturelles, dans des conditions d'exploitation fructueuse, voit bientôt naître de ce voisinage, en tout pays civilisé, des mines, usines, ateliers, maisons, routes, des villages et des villes quelquefois.

C'est pourquoi la géographie, qui signale ces produits spontanés dans ses descriptions, met l'économie industrielle sur la voie de lucratives applications.

Il est remarquable que la plupart des minéraux semblent distribués un peu par tout le globe, sans aucun rapport avec les longitudes et les latitudes : lorsque sur un même point il s'en trouve réunis plusieurs entre les plus utiles, la fortune de ce pays est assurée. L'Angleterre doit la sienne, pour une grande partie, à la possession simultanée de la houille, du fer et du cuivre. La houille surtout, qui fournit la chaleur et le gaz, et indirectement la vapeur et le mouvement, est devenue la richesse la plus enviée des nations industrieuses. Découvrir la houille est la première et juste ambition de tout chercheur de mines. Si la poésie veut compléter la série de ses âges d'or, d'argent et de fer, et l'archéologie la sienne (pierre, bronze et fer), elles devront y ajouter pour le nôtre l'âge de la houille.

§ 27. — *Les Végétaux.*

La géographie constate un plan tout différent de la distribution des végétaux. Il en est quelques-uns de cosmopolites, mais en très-petit nombre; presque tous sont cantonnés dans une aire plus ou moins étendue dont le principal caractère se tire de la température, et ensuite du sol et de l'exposition. D'après cette loi, le voyageur qui va du pôle à l'équateur voit se dérouler devant lui, de degré en degré, de nouveaux tableaux de végétation, qui se reproduisent en sens opposé en allant de l'équateur au pôle. Le spectacle d'une pareille variété se représente à chaque étage qu'on monte en s'élevant du niveau des mers au sommet des montagnes. Au terme extrême du froid, on ne voit qu'une herbe courte et d'aspect monotone; au maximum de la chaleur, sous l'équateur, les végétaux accablent notre petitesse par leur taille colossale de hauteur et de diamètre. Entre ces extrêmes se placent de nombreuses séries que la science botanique groupe par familles, et dont l'industrie humaine interroge surtout les emplois utiles. Terrains, contrées, zones, climats, jugés d'après leur végétation, se montrent inégaux en richesse, et leur aptitude à la civilisation dépend beaucoup de ce qu'ils possèdent en ce genre; mais il n'en est aucun, sauf le désert, qui n'ait reçu quelque don en surabondance à échanger avec ce qui lui manque. Du nord au midi et de l'orient à l'occident, les contrastes se dessinent, d'autant plus marqués que l'éloignement est plus grand, sans toutefois que la distance cause autant de différences que l'égalité de température fait naître d'analogies.

Dans le groupe des plantes ALIMENTAIRES, les zones tempérées possèdent d'abord les céréales, dont le blé, le seigle et l'orge, qui sont les plus nutritives, servent d'aliment à toutes les populations sous forme de pain. En avançant vers les tropiques, c'est le maïs, le millet ou sorgho, le riz, le manioc enfin, qui prennent ce rôle. Les animaux ont pour leur part l'avoine, l'orge.

Par une modification pareille en fait de liquides, la bière, le cidre, le vin, l'arack ou jus de sucre, le jus fermenté de l'*Agave* et du palmier, se succèdent du nord au sud. L'huile, à titre d'aliment gras, change de même : animale dans la zone glaciale, elle fait place aux huiles végétales de colza, d'œillette, de noyer, dans les climats froids ; d'olive, sous les climats subtropicaux ; d'arachide, de sésame et plusieurs autres, sous les zones chaude et torride.

Le sucre appartient aux pays chauds par la canne, aux pays froids par la betterave. Le café, le cacao, sont les priviléges des pays chauds ; le thé s'accommode d'une température plus modérée.

Nous n'essayerons pas même de rappeler les variétés bien connues de fruits, de racines et de légumes divers, suivant les zones et les hémisphères.

Outre les plantes OLÉAGINEUSES que nous avons nommées, l'industrie utilise encore celles de lin et de chanvre, originaires de nos contrées, et celles de ricin, de toulouconna, d'illipé, de palme, de coco, et bien d'autres que lui procure l'importation d'Afrique et d'Asie.

En fait de plantes TINCTORIALES, à la garance que nous possédons, le commerce ajoute l'indigo d'Asie et d'Amérique, l'orseille et le henné d'Afrique, le roucou de la Guyane, le cachou de l'Inde, le campêche du golfe du Mexique, le safran et le sumac d'un peu partout.

Les plantes TEXTILES surtout donnent lieu à d'innombrables échanges dont le coton d'Amérique est le pivot, aujourd'hui ébranlé. L'Europe y contribue par le lin et le chanvre, l'Inde par le jute, la Nouvelle-Zélande par le phormium. Des végétaux moins souples font des cordages, de la sparterie, du papier : l'*alfa*, le *dis*, le *palmier nain*, produits du ciel africain et que l'Espagne comprend sous le nom générique de *sparte*.

Les BOIS utiles ont aussi des représentants sous toutes les latitudes. Nommons, parmi les plus résistants, le chêne et le teck ; parmi les plus élégants, le thuya, l'acajou, le palissandre ; parmi les plus utiles, le bambou, le cocotier, les palmiers.

En fait d'ÉCORCES, le liége n'a pas son pareil dans le nouveau monde ; mais les écorces tinctoriales et tannantes sont loin d'être ainsi limitées à un seul arbre.

A l'exception du tabac, qui est à peu près cosmopolite, les plantes AROMATIQUES et les ÉPICES sont le privilége de l'orient le plus chaud. Là viennent la vanille, le girofle, le poivre, la cannelle, la muscade, etc. Il est cependant à remarquer que les plantes odorantes des pays tempérés, rose, jamin, géranium, myrte, orangers et citronniers, etc., font des parfums et des eaux de senteur très-agréables.

Des zones intertropicales viennent aussi les GOMMES et les RÉSINES les plus appréciées de l'industrie : caoutchouc, gutta-percha, gomme arabique, etc., et les plantes MÉDICINALES aux propriétés les plus énergiques, aloès, quinquina, salsepareille, etc. On sait le rôle de l'opium en Chine et dans la Malaisie.

Ce rapide et incomplet aperçu du règne végétal au point de vue économique, laisse entrevoir quelles infinies ressources la géographie botanique montre à l'agriculture, à l'industrie, à la marine, au commerce, aux arts, à la médecine : il resterait à suivre ces richesses dans les mouvements et les transformations propres à chaque pays, mais un tel travail dépasserait le cadre de cette esquisse.

§ 28. — *Les Animaux.*

Au lieu de présenter à l'homme une résistance ou une aide toute passives, comme les végétaux, les animaux sont envers lui des ennemis et des victimes, ou des auxiliaires et des serviteurs. Chaque région de la terre a ses espèces particulières dans l'un et l'autre genre, dont la destruction ou l'éducation constitue, en tout pays, une des principales occupations des habitants.

Mais tandis que, avec le cours du temps, la chasse devient un amusement plutôt qu'une nécessité ou une spéculation pour les peuples civilisés, la pêche reste une branche considérable de production : à la poursuite des harengs, des maquereaux, des morues, des baleines, se développe la marine, dont les établissements et les armements suivent les migrations du poisson (1); à elle

(1) « Le commerce du Nord a constamment suivi la direction que lui tracèrent les bancs de harengs, en obéissant au changement

surtout profitent les courageuses explorations des voyageurs géographes à travers les océans et au cœur des régions polaires.

La présence en un pays d'animaux dangereux par leur férocité ou leurs ravages a fait imaginer, pour s'en défendre ou les attaquer, des armes qui sont devenues un instrument de sécurité, de bien-être, et trop souvent d'agression contre les hommes. Le danger a aiguisé l'intelligence, uni les efforts, développé la sociabilité. Ce qui reste aujourd'hui d'animaux sauvages est plutôt poursuivi, sauf en quelques cas exceptionnels, pour ses dépouilles que pour le mal qu'il fait. Tel est le cas pour le lion, le tigre, la panthère, recherchés pour leurs peaux; l'éléphant, l'hippopotame, le rhinocéros, sont appréciés pour l'ivoire de leurs dents et de leur corne; l'autruche pour ses plumes et ses œufs; une multitude d'oiseaux aquatiques pour leur plume et leur duvet, les tortues pour leur écaille. Les zones glaciale et froide sont peuplées d'animaux aux épaisses fourrures, dont la poursuite remplit la vie des *trapeurs* à demi sauvages eux-mêmes : ce trafic donne son cachet propre au commerce des régions boréales.

Les animaux domestiques sont moins cantonnés dans des régions spéciales. Chevaux, bœufs, moutons, chèvres, porcs, volailles, sont cosmopolites comme l'homme ; l'éléphant seul n'est domestiqué qu'en Asie, et le chameau à la fois en Asie et en Afrique. Ils ont été partout de précieux auxiliaires des hommes, et là

imposé par la migration successive de ce riche produit de la mer. » (Wolowski, *Rapport sur le concours pour le prix Léon Faucher sur l'histoire de la ligue hanséatique.*)

où les principaux manquèrent, comme le cheval et le bœuf en Amérique avant l'arrivée des Européens (tout animal porteur manque encore aujourd'hui à Madagascar), ce fut une cause de retard en civilisation, et la source d'un sentiment de terreur et d'infériorité en présence des cavaliers européens.

Le cosmopolitisme le plus complet est celui des abeilles qui, sous des variétés de taille et de forme, donnent de la cire et du miel à peu près sur tout le globe ; tandis que la cochenille et le ver à soie sont localisés dans les pays tropicaux et tempérés.

Dans les rangs inférieurs de l'animalité, l'industrie demande des coraux et des éponges aux rochers sous-marins, des perles et de la nacre à certaines coquilles, des cauris aux rivages d'Afrique et d'Asie, pour servir de monnaie ; du guano aux îlots du littoral péruvien, arabe, africain, des huîtres aux côtes de nos continents : chaque coin du globe, sur terre et sur mer, possède ainsi quelque don particulier qui le doue de valeur. Malgré leur prix, ces spécialités locales sont dépassées en importance par les produits animaux plus communs, mais d'un emploi universel, tels que laines, poils, cuirs, os et cornes, graisses et huiles, etc. Par le surcroît de richesses que ces issues et sécrétions ajoutent au travail et à la chair des animaux domestiques, par le tribut quotidien que nous payent les femelles de quelques-uns en lait et en œufs, le règne animal fait équilibre au règne végétal, et tout pays qui serait pauvre sous ce rapport s'en ressentirait directement dans l'ensemble de son économie domestique, rurale et sociale. Il en est, au contraire, comme les pampas de l'Amérique du Sud, que la richessse animale semble dispenser de toute autre.

§ 29. — *L'Homme.* — *Les Races humaines.*

Au sommet du règne animal s'élève l'homme, divisé entre plusieurs races qui ont avec les régions où elles vivent de manifestes affinités. Avant de déborder sur l'Amérique, la race blanche occupait exclusivement l'ancien continent à l'ouest de l'Asie centrale; la race jaune s'étend à l'est et au sud du même point de départ et pénètre dans les îles de la Malaisie ; la race nègre peuple toute l'Afrique à partir du Sahara ; la race rouge est confinée dans l'Amérique. Que le genre humain dérive d'un seul foyer de création ou de plusieurs, les harmonies les plus éclatantes rattachent chacune de ses familles principales aux terres et aux climats où elle s'est développée. Rechercher les causes, les caractères, les limites de cette étendue, est du domaine d'une science nouvelle, l'ethnographie ; mais pour nous en tenir aux points où elle s'embranche sur la géographie et l'économie politique, nous nous bornerons à un petit nombre d'indications afférentes à notre sujet.

La race blanche en Occident, la race jaune en Orient, ont acquis une supériorité incontestable sur les races noire et rouge dans tous les arts qui concourent à l'économie matérielle des sociétés. A cet égard, on pourrait qualifier les premières de races majeures, les secondes de races mineures.

La race blanche et la race jaune exercent l'une et

l'autre, avec les qualités qui leur sont propres, l'agriculture et l'industrie, et même les progrès de la seconde dans cette direction paraissent avoir chronologiquement devancé les progrès de la première.

La race blanche, au contraire, a pris les devants pour le commerce : douée d'instincts plus cosmopolites, elle a exploré le globe, au lieu de se cantonner dans son pays natal, inventé la navigation, fondé partout des établissements, pratiqué des échanges, acquis par cet esprit d'initiative et de progrès la richesse, la puissance et la science, ce qui lui a valu la supériorité définitive dans les affaires de l'humanité.

L'échange est en effet le signe suprême de la sociabilité dans l'ordre matériel. Certains animaux travaillent, l'homme seul échange et commerce.

Le travail et l'échange, tels sont les deux pôles de l'activité humaine.

C'est en dressant l'inventaire complet de toutes les forces naturelles à exploiter et des produits à échanger, pays par pays, que la géographie rend de précieux services à l'économie politique.

Au travail humain, elle signale les terres à habiter, les mers à sonder, les forêts à abattre ou aménager, les plantes et les animaux à élever ou à acclimater, les forces motrices à utiliser, les richesses souterraines à fouiller. Elle guide chaque race dans l'établissement de ses colonies.

A l'échange humain, elle signale les infinies ressources qui résultent de la diversité de tous les éléments terrestres et sociaux dont elle dresse l'inventaire (1) ;

(1) Voyez le tableau ci-joint.

chaque objet n'est qu'un fragment de la nature insuffisant aux besoins même les plus restreints, et doit se compléter par d'autres fragments.

La nature a ménagé l'échange en tout et partout :

Entre les hémisphères septentrional et méridional, oriental et occidental ;

Entre les mers, entre les terres ; entre les mers et les terres ; entre les bassins des fleuves, entre les versants ;

Entre les climats, entre les latitudes, les longitudes, les altitudes ;

Entre le littoral et l'intérieur des continents ; entre les sols, entre les profondeurs et les surfaces ;

Entre les races, entre les diverses formes de sociétés, entre les divers âges de civilisation, entre industries différentes, même entre produits similaires de genre, par des nuances d'espèces et de variétés.

La société, à son tour, a institué des règlements divers d'échange entre les métropoles et les colonies, entre les peuples unis par des traités, etc.

Dans cette alliance des forces humaines, la géographie indique les échanges, le commerce les exécute et l'économie politique en découvre les lois.

Ce mouvement, qui couvre les terres et les mers d'un réseau de courants commerciaux, s'opère à l'aide de trois moyens d'action : les langues, pour stipuler les conventions ; les monnaies, poids et mesures, pour les régler en signes matériels ; les routes, pour le transport des produits échangeables ou échangés.

§ 30. — *Les Langues.* — *Les Monnaies, poids et mesures.* — *Les Routes.*

Sur ces trois points les notions géographiques se rapprochent des notions économiques au point de se confondre parfois.

Les vocabulaires des langues, suivant leur parenté ou leur divergence, facilitent ou entravent les échanges. Au cœur de l'Afrique, le long du Niger, les idiomes varient tellement d'une peuplade à l'autre, qu'ils opposent un sérieux obstacle au commerce indigène, et surtout au commerce étranger.

Les monnaies ne diffèrent pas moins, soit qu'elles consistent en une matière d'une utilité domestique, comme les toiles bleues ou guinées de l'Inde ayant cours au Sénégal ; soit en signes de convention, comme les coquillages (*cauries*) en Afrique ; soit en une matière utile frappée d'une marque conventionnelle (espèces métalliques). Plus confuse encore est la diversité des poids et des mesures. Pour tous ces usages locaux, la géographie guide le commerce.

Elle le guide encore plus pour les routes, dont la direction et la sécurité forment, avec le prix des transports, des éléments si essentiels de l'économie matérielle des nations. Toute voie de terre a ses caractères propres qui dérivent de la constitution et du relief des terrains, de l'étendue du parcours, des peuples qu'elle dessert, du pays qu'elle traverse, des garanties ou des risques qu'elle trouve, des péages qu'elle subit, des communications qu'elle établit, des débouchés qu'elle ouvre, des termes où elle aboutit, des embranchements qui se greffent sur son axe. A considérer les résultats, on peut dire des routes, comme des terres, que les unes sont stériles, que les autres sont fertiles. Les voies de mer ont pareillement à compter avec les distances, les vents, les courants, les troubles atmosphériques, les pirates, les étapes de la traversée. Suivant l'état de la nature ou des sociétés, les véhicules se modifient comme les routes : tour à tour caravanes, voitures, navires à voile, chemins de fer, paquebots.

En combinant ces divers moyens, les voyages et les explorations géographiques révèlent au commerce ce qu'il doit préférer, et l'instruisent sur l'avenir par les enseignements du passé. La route d'Occident en Orient par terre, à travers l'Égypte et la Syrie, enrichit les républiques italiennes, dont la fortune déclina rapidement par la découverte du passage au sud du cap de Bonne-Espérance, et renaîtra par l'ouverture du canal maritime de Suez. La route de terre entre la Chine et la Russie, par Kiachta, établit entre la race jaune et la race blanche des rapports, fondés principalement sur le commerce du thé, un produit de luxe, qui rapproche l'Orient et l'Occident extrêmes. Les routes sahariennes rallient le centre de l'Afrique aux villes de l'Europe, qui peut-être préféreront bientôt, pour communiquer avec le Soudan, les voies du Sénégal, du Niger ou du Nil. Si l'Amérique et l'Océanie ne sont accessibles que par mer, comme les pourtours des autres parties du monde, des centaines d'itinéraires, plus longs ou plus courts, plus sûrs ou plus menacés, s'offrent au choix du navigateur, avec des conséquences économiques les plus diverses pour le navire, pour la marchandise, pour les ports d'embarquement, d'escale et de débarquement; et ce choix à faire, il appartient à la géographie mieux qu'à toute autre science de l'éclairer.

§ 31. — *Les Centres de population.*

Nous signalons une dernière fusion des connaissances géographiques et des intérêts économiques dans les centres de population, qui naissent d'ordinaire au nœud des courants commerciaux, et sont comme les ganglions du système de la viabilité. Les causes de leur naissance, de leur développement, de leur déclin, les effets proches ou lointains de leur rayonnement, appartiennent à la fois aux deux sciences : à la géographie comme faits, à l'économie sociale comme lois. Ces curieux et saillants phénomènes jettent à la surface du globe une féconde animation, et rehaussent le drame un peu vulgaire des besoins matériels qui s'y agitent par le noble essor des arts et des sciences, sous la haute direction de la politique et de la religion. Ne pouvant en scruter aujourd'hui la profondeur, nous les nommerons seulement dans l'ordre de leur développement historique.

Au premier degré ce sont : des marchés éphémères, des foires de peu de jours; bientôt après des comptoirs durables, factoreries, bazars, escales suivant les lieux, qui ne tardent pas à devenir des villages, des bourgades, des bourgs, d'une importance proportionnelle à l'intensité du trafic dont ces stations sont le siége.

A un degré supérieur, aux carrefours où s'entre-croisent les routes multiples, aux rendez-vous préférés des commerçants et des producteurs d'une vaste et fertile circonscription, les bourgs deviennent des cités florissantes, où les richesses s'entassent, et dont l'influence établit des coutumes ou obtient des priviléges favorables à une prospérité toujours croissante.

La géographie les nomme et les décrit; l'économie politique les étudie, comme les plus instructifs théâtres des progrès, des splendeurs, et trop souvent aussi des misères matérielles et morales de l'humanité.

CHAPITRE II.

APPLICATION DES CONNAISSANCES GÉOGRAPHIQUES AUX PROBLÈMES ÉCONOMIQUES.

Dans ce chapitre, nous chercherons moins à parcourir le cercle entier des applications qu'à indiquer quelques exemples du concours utile que les connaissances géographiques peuvent apporter à la solution des problèmes économiques.

§ 1. — *La Méthode.*

Le premier service de ce genre se rapporte à la méthode. La science économique bien envisagée a pour théâtre l'univers, a dit justement Rossi, qui s'est pourtant montré infidèle à ce principe dans la question de population, qu'il a restreinte au cadre des familles et des nations particulières ; cela veut dire qu'en toute étude économique doit intervenir le milieu terrestre dans son entier : il n'y a pas de solution exclusivement locale. Les géographes sentent mieux que personne la suprême sagesse de cette règle, car il est de l'essence même de leur science de rattacher tous les détails au globe terrestre. Il n'est pas de géographe qui ne porte notre planète dans son esprit, qui ne manie et ne fasse tourner avec plaisir la sphère sous ses doigts, qui ne la contemple, résumée aussi fidèlement que possible, dans les mappemondes. Sans renoncer à quelques prédilections locales, il n'a garde de s'en tenir à l'étude exclusive d'un continent, d'un royaume, d'une mer, d'un peuple. Toutes les forces créatrices de la nature lui inspirent de la sympathie, parce qu'il les voit toutes, à l'exception d'une ou deux des plus terribles (volcans et tremblements de terre), se plier au génie de l'homme pour transformer leurs menaces en bienfaits. De l'œil et de la pensée, il suit les vents, les flots, les rayons de lumière et la chaleur, les courants magnétiques et électriques, d'un pôle à l'autre, de l'orient à l'occident, du niveau des mers au sommet des monts. L'unité, au sein de laquelle s'accordent tous les contrastes et se révèlent tous les liens, malgré les distances et les apparences, est donc le premier fondement de la géographie, et le sentiment de cette unité le premier signe d'une vocation géographique.

Ce même sentiment est indispensable à l'économiste voulant étudier les phénomènes économiques qui ont aussi le globe pour réceptacle et l'humanité pour agent. En vain des groupes humains sont épars sur toute la surface de la planète ; aucun ne vit isolé ; une intime solidarité les unit, fondée sur l'enchevêtrement des besoins et des ressources, sur le contre-coup des fléaux atmosphériques, des calamités morbides, des conflits guerriers, des crises industrielles et financières ; enfin sur la mobilité cosmopolite de l'homme pouvant fuir les lieux où il souffre et atteindre ceux qui lui promettent un sort heureux. On chercherait donc en vain une solution purement locale d'aucun problème économique ; tout en attribuant à certaines causes et à certains remèdes une influence prépondérante, on doit faire entrer dans les solutions, toujours comme milieux ambiants et souvent comme éléments directs, le globe et le genre humain, dans leur ensemble et dans leur intime union.

§ 2. — *La Population.*

La population fournit un premier exemple de solutions économiques fondées à tort sur des vues trop étroites. Son accroissement numérique, après avoir été, depuis l'origine des sociétés, accueilli comme une bénédiction de Dieu et une force pour les États, a été dénoncé par Malthus comme le plus menaçant des périls pour l'humanité. Il a poussé un cri d'alarme qui a retenti comme un tocsin et suffi à lui faire une gloire. Je vous fais grâce de ses recherches, de ses arguments et de ses prédictions ; je dirai seulement, pour rester dans mon sujet, que si le célèbre professeur eût interrogé la géographie, elle l'eût rassuré. Elle lui eût montré en effet, dans les cinq parties du monde, sans en excepter l'Europe, de très-vastes régions peu ou point cultivées, peu ou point habitées, où Malthus, mieux conseillé, aurait engagé les masses ouvrières à se porter, avant de les inviter au célibat ou à la stérilité des mariages. La population totale du globe est, en effet, évaluée, au maximum, à 1 milliard 300 000 habitants, tandis que sa surface, déduction faite des zones polaires, qui sont inhabitables, est calculée à 12 milliards d'hectares. Ce rapport donne au plus 1 habitant par 12 hectares, un peu plus de 8 par kilomètre carré, tandis que la France, pays de densité moyenne, compte 1 habitant par 1 hectare et demi, ou 67 par kilomètre carré. Que le globe fût peuplé comme la France, il compterait 8 fois sa population actuelle, soit 9 à 10 milliards d'habitants. Que l'on réduise ces nombres de moitié et même davantage, pour faire la part des déserts, quoiqu'ils ne soient ni absolument ni fatalement dépeuplés, quelle place ne reste pas encore pour le développement du genre humain, à la condition qu'il se répandra sur le globe et l'exploitera, au lieu de s'entasser en fourmilières dans les villes!

S'inquiéterait-on des climats interdits à la race blanche par l'excès de chaleur! Sans parler des espaces immenses qui lui restent encore accessibles, l'accroissement de la race noire et de la race jaune peut tourner à son profit, soit en multipliant par leur travail des éléments de commerce, soit en fournissant librement leurs bras à l'intelligence et aux capitaux de l'Europe. La zone torride est d'une exubérante fertilité, on en a souvent donné comme preuve la puissance nutritive du bananier : l'excédant de ses produits, mis aux mains de l'industrie européenne, créera un fonds de subsistance et de valeurs dont la limite est assurément bien loin de nous, comme celle des hommes qui pourront s'en nourrir. Il faut, il est vrai, par l'éducation des races inférieures, développer des germes latents ou engourdis, dans l'homme comme dans la nature des pays tropicaux; mais n'est-ce pas l'une de nos fonctions?

Au lieu de faire entrer l'univers, suivant le conseil de Rossi, dans le cadre du problème économique, les malthusiens circonscrivent la question par famille, par cité, par État, comme si l'on était bloqué dans une ville assiégée ; nécessairement leurs conclusions portent à faux : la question est générale et non locale.

§ 3. — *L'Émigration.*

En élargissant l'horizon, on se heurte aussitôt à l'émigration, autre problème économique fort discuté. Dans ce déplacement des populations, la plupart des économistes déplorent un appauvrissement de la société qu'abandonnent les émigrants, et un exil misérable pour ceux qui partent. La géographie, s'aidant quelque peu de l'histoire, dissipe bien vite ce préjugé. Dans la présence générale des hommes sur la surface presque entière de la terre, elle constate un effet universel d'émigration antérieure, témoignage évident des aptitudes et des destinées du genre humain. De nos jours même, en France, où l'on n'aime pas, dit-on, à émigrer, qui n'a pas quelque peu émigré de son berceau natal? Paris passe pour ne pas posséder un dixième de ses familles établies depuis trois générations : de toutes parts on entend des plaintes sur l'émigration qui dépeuple les campagnes !

Si l'émigration appauvrissait les générations qui l'alimentent, les peuples les plus civilisés d'Europe seraient ruinés, car ils y ont tous concouru. La pauvreté serait particulièrement le lot de l'Angleterre et de l'Allemagne, du sein desquelles sont sortis et sortent encore les plus abondants courants d'émigration. Au contraire, la géographie statistique nous montre en Angleterre les irrécusables témoignages d'une éclatante prospérité ; et quant à l'Allemagne, sans atteindre la même hauteur de richesse, elle devance de beaucoup la Russie qui, en dehors des violences politiques, ignore l'émigration. Toute l'Europe occidentale pratique l'émigration : elle est riche. Toute l'Europe orientale s'en abstient : elle est pauvre. Avant l'émigration, l'Irlande mourait de faim ; depuis l'émigration, son état s'est notablement amélioré.

§ 4. — *La Colonisation.*

En absolvant l'émigration, le géographe établit, par de nombreux exemples, à quelles conditions elle réussit : à la condition d'un choix intelligent des lieux où se rendent les émigrants. Alors elle se fixe au sein d'États déjà constitués, mais où la population ne suffit pas à l'exploitation des forces productives ; ou bien elle crée des colonies aptes à devenir des sociétés viables. Sur cette nouvelle question tant controversée de la colonisation, notre science rectifie par les faits les fausses théories de la plupart des économistes en renom. Pendant que ceux-ci, réduisant tout à une question de recettes et de dépenses immédiates, dénoncent les colonies comme de folles entreprises des métropoles, les géographes comptent des milliers de villes prospères qui sont ou furent des colonies. La Grèce, colonie asiatique ou égyptienne ! La Sicile, l'Italie, colonies grecques ! Carthage, colonie phénicienne ! Marseille, colonie phocéenne ! Une foule de cités de l'ancien monde, colonies romaines ! L'Amérique tout entière, avec ses 70 millions d'habitants, grande colonie de l'Europe ! Et l'Australie au sein de l'océan Pacifique, l'Algérie au nord de l'Afrique, le Cap au sud de ce continent, quarante autres grands établissements distribués à travers le monde, autant de colonies européennes ! Quel aspect prendrait la mappemonde, dégagée de tout ce qui, depuis quatre siècles, a relevé ou relève encore de quelque métropole ! La moitié de la carte redeviendrait une page blanche, ou plutôt la carte tout entière serait effacée, sauf un seul point, suivant les monogénistes, et trente points au plus, suivant les polygénistes ; puisque hors de ces berceaux primitifs, toute l'histoire pacifique de l'humanité se confond avec la colonisation du globe. A part les raisons politiques et économiques, les colonies se justifient par la place même qu'elles occupent sur le globe, et qui mesure leur importance à leur étendue.

La géographie montre en outre en quels emplacements sur le globe les colonies sont le plus profitables aux métropoles, et celles qui sont le plus propices à la race blanche, et celles où doivent prédominer les races colorées. Elle révèle la valeur de ce Canada, dédaigné par Voltaire et ses contemporains qui n'y découvraient que quelques arpens de neige, au lieu d'en apprécier les terres fertiles, les eaux poissonneuses, les forêts profondes, le climat rude, mais sain et fortifiant, les grands lacs, les richesses minérales. Elle place au contraire à un rang inférieur la Guyane, au sol granitique, au climat brûlant, où les ministres de Louis XV imaginaient trouver la compensation du Canada tristement abandonné. Les établissements de la zone torride, quoique pouvant être l'objet d'une exploitation fructueuse (les colonies hollandaises de la Malaisie, par exemple), favorisent moins la multiplication de la race blanche que ceux des zones tempérées. Aussi la France a-t-elle commis une faute irréparable en se laissant devancer par l'Angleterre à la Nouvelle-Zélande dont un marin français avait le premier pris possession; et l'Angleterre a fait acte de suprême habileté en livrant la Nouvelle-Hollande au génie entreprenant de ses enfants. Notre rivale ne se montre pas moins habile en s'appropriant les postes maritimes disséminés sur les grandes routes du globe : du côté du massif continental, depuis Gibraltar jusqu'à Hong-Kong (Malte, Périm, Aden, Ceylan, Singapure); et, par la longue route des océans, d'un côté, Sainte-Hélène, le Cap, Maurice, les îles Seychelles; de l'autre, Terre-Neuve, les Bermudes, les Lucayes, les Antilles, les îles Falkland. Elle se donne ainsi des citadelles, des vigies, des ports, des stations navales, des hôtelleries sur toutes les grandes routes du globe, des bases d'opération à portée de toutes les terres. La géographie constate les fonctions politiques, stratégiques et commerciales de ces acquisitions que dédaigne l'économie politique. Ses avertissements ont été trop méconnus par les autres nations colonisatrices, Hollande, Espagne, Portugal, qui se sont réduites presque en entier à des possessions intertropicales; quelquefois enfin, faut-il bien le dire, la part leur a été faite par la guerre et la diplomatie, avec une dureté trop jalouse pour ne pas laisser quelque irritation et quelque désir de réintégration. Quant à la France, après avoir perdu Terre-Neuve, l'Inde, le Canada et Saint-Domingue, — la perle des colonies de l'ancien régime, — après avoir vendu la Louisiane au prix plus que modique de 80 millions, elle a sacrifié trop légèrement en 1815, par ignorance géographique, l'île qui portait et honorait son nom. Mais elle a fait acte d'intelligence en conquérant et s'annexant l'Algérie il y a trente ans, hier la Cochinchine, et se montre prévoyante aussi en appréciant le rôle à venir de Madagascar, trop longtemps délaissé par ignorance. La conquête de l'Algérie a appris les services que peut rendre une connaissance exacte des lieux, et les fautes qui se commettent quand on manque de bonnes cartes. L'expédition du Mexique a renouvelé les mêmes enseignements.

La supériorité coloniale et commerciale de l'Angleterre est intimement liée à la diffusion générale des notions géographiques. A la dernière exposition de Londres, on admirait le nombre, la variété et la modicité de prix des livres et des atlas, à l'usage des écoles primaires (1). Initié dès l'enfance à la connaissance du

(1) « De toutes les branches d'instruction, dit M. l'inspecteur général Rapet (*Rapport du jury international sur l'ensemble de l'exposi-*

globe, de ses régions et de ses produits, tout Anglais est préparé de bonne heure aux rôles de marin, de colon,

tion de Londres en 1862, p. 45) la géographie était, sans contredit, celle qui occupait la plus large place dans l'exposition anglaise (section de l'éducation), de même qu'elle en occupe dans les écoles une incomparablement plus grande que celle que nous lui faisons en France. A voir seulement le nombre de cartes de toute espèce qui figuraient au palais de Kensington, on pouvait deviner quelle large part y est faite à cet enseignement. On y voyait des cartes murales sans nombre, dans tous les genres, dans toutes les dimensions, et d'une exécution généralement supérieure aux nôtres. Les cartes anglaises, on le reconnaît tout de suite, sont plus faites pour servir à l'enseignement que pour couvrir la nudité des murs d'une classe, comme c'est trop souvent le cas chez nous. Elles sont aussi destinées à être vues de plus près; en conséquence, elles contiennent un plus grand nombre d'indications, et par là même répondent mieux aux besoins d'un peuple essentiellement voyageur et cosmopolite, dont tous les membres peuvent avoir des intérêts ou des affaires qui les rattachent aux différents points du globe.

» Malgré la meilleure exécution de ces cartes, elles sont d'un prix peu supérieur aux nôtres, ce qui est l'indice d'une production plus grande et, par conséquent, d'un usage plus général. Par contre, il n'y avait pas la même abondance de petites cartes et d'atlas à l'usage des élèves, surtout pour ceux des écoles primaires; on sent que là encore l'enfant étudie moins seul, et que la géographie s'enseigne en général oralement et par la démonstration sur les cartes murales; cependant les atlas à l'usage des élèves sont généralement d'une bonne exécution et quelques-uns sont d'un prix très-peu élevé. Les globes sont également très-nombreux et d'une nature très-variée; on voit qu'ils sont aussi très-répandus dans les classes, bien que, tout en cherchant à en varier la matière, on ne soit pas encore parvenu à les établir à un prix aussi bas qu'on pourrait le désirer. » (Tome VI, p. 41.)

En passant à l'Exposition française d'éducation, M. Rapet ajoute :

« Tandis que dans ce dernier pays (en Angleterre) on donne à la géographie un temps qui s'explique par les raisons que nous avons de voyageur, d'explorateur. Intelligente éducation que toutes les nations, et la France particulièrement, devraient donner à leurs enfants !

§ 5. — *Le Paupérisme, la Misère.*

Les questions qui précèdent (population, émigration, colonisation) se confondent par plusieurs côtés avec celle du paupérisme, que la géographie éclaire de nouvelles lumières, en montrant la misère variable dans ses causes et ses aspects, suivant les lieux. Elle rectifie encore à cet égard les préjugés et répare les oublis des économistes. Dans la stérilité du sol, dans l'inclémence du ciel, dans l'absence de relations sociales et de débouchés, elle constate les causes premières de la misère de tous les peuples qui vivent sous la zone glaciale et dans les contrées les plus infortunées des zones froides : l'homme, loin d'en être cause par son imprévoyance ou ses fautes, s'y débat, au contraire, avec la plus louable persévérance, contre la nature qui l'accable. En des conditions meilleures par le climat et la terre, l'entassement irréfléchi, et non

indiquées, mais qui peut-être n'en paraîtra pas moins exagéré, à peine si l'on en donne dans nos écoles les notions les plus essentielles. La différence de l'importance attachée à cet enseignement dans les deux pays ressort de la seule vue de leurs expositions et de la comparaison des catalogues. Nous ne reviendrons pas sur ce que nous avons dit à l'occasion de l'exposition anglaise, de la supériorité de leurs cartes sur les nôtres ; on voit, par les cartes, qu'il s'agit chez eux d'un enseignement très-populaire, tandis que, dans nos écoles, il semble jouer le rôle d'un parvenu qui n'est que toléré. » (Tome VI, p. 73.)

pas le nombre excessif, des populations engendre la misère, dans certains quartiers de la plupart des villes et au cœur de tous les pays de grande manufacture : pour dissiper le mal, il y aurait à répartir les habitants et les capitaux en proportion plus égale sur l'entière surface du sol, où ils se porteraient d'eux-mêmes et resteraient, sans les excitations artificielles de tout genre (priviléges, faveurs, plaisirs, dotations) qui les agglomèrent. Ailleurs c'est l'insalubrité des eaux, la fréquence des calamités atmosphériques et même l'infertilité du sol qui produisent les mêmes résultats. Enfin, dans les zones chaudes et torrides, si la misère matérielle est atténuée par les libéralités de la nature, elle est remplacée par une misère morale plus affligeante, due aux guerres suscitées par la traite des esclaves, aux instincts d'indolence, à une grossière ignorance. Ces maux ne peuvent être combattus que par l'attrait d'un travail lucratif, d'un commerce honnête et fructueux, d'une sociabilité qui récompense et honore l'activité. Éveiller cet attrait est le devoir de la civilisation.

Ces misères locales, où la nature a une si grande part, ont pour effet indirect de diminuer la consommation des produits qui sont récoltés ou fabriqués ailleurs : nouvel aspect de cette solidarité universelle que nous signalons comme un des plus précieux enseignements de la géographie.

§ 6. — *L'Esclavage.*

Au sujet de l'esclavage, l'économie politique a soutenu la bonne cause en plaidant la liberté de toutes les races humaines ; elle donnerait à ses déductions théoriques plus d'autorité en invoquant les récits des voyageurs consciencieux qui ont observé les peuplades noires au cœur de l'Afrique, maîtresses d'elles-mêmes. S'ils constatent chez toutes un peu d'indolence et beaucoup d'ignorance, ils reconnaissent qu'elles se gouvernent elles-mêmes, à peu près aussi sagement que le font ailleurs les populations blanches ; assez souvent, il est vrai, elles se laissent aller à des guerres de voisinage, mais les nations civilisées échappent-elles mieux à ces tentations? L'opinion du révérend Livingstone, que la géographie honore comme un de ses héros (puisse-t-elle ne jamais dire un de ses martyrs!), qui a vécu plusieurs années parmi les noirs de l'Afrique australe, leur distribuant les leçons de sagesse européenne en retour de la protection qu'il leur demande, leur est très favorable. Les meilleurs, dit-il, entre les naturels, sont ceux qui ont toujours été à l'abri du contact des marchands d'esclaves, tandis que partout où ont passé ces odieux trafiquants de chair humaine, les familles sont divisées et les chefs réduisent leurs sujets en captivité pour les vendre. D'autres géographes, nos éminents confrères (1), ont montré la main et l'argent des Européens dans les chasses d'hommes organisées au voisinage des oasis que baigne le haut Nil. Contre ces témoignages se brisent les sophismes ou la prévention, qui prétendent découvrir l'esclavage au fond des sociétés noires, en tout temps, en tout pays.

Si la zone torride se montre inhospitalière aux tra-

(1) Entre autres, M. Guillaume Lejean, aujourd'hui consul de France à Massaouah.

vailleurs blancs, tandis que les noirs ne savent pas en tirer parti, la nature enseigne par là que la culture générale du globe doit être le résultat d'efforts associés. Aux blancs appartiennent l'initiative, la direction, l'apport du capital et de la science, aux noirs l'exécution ; dans les mulâtres issus de leur union, la double aptitude se fond en une vigoureuse unité. Entre les uns et les autres, c'est la liberté d'un contrat volontaire qui doit faire la loi, et non la tyrannie du plus intelligent et du plus riche imposant la servitude à l'ignorant et au pauvre. Le cœur des noirs, spontanément porté à l'amour, à l'admiration et au service des blancs, cimentera cette volontaire hiérarchie, à la condition que les blancs, de leur côté, l'adouciront par les sentiments d'une généreuse quoique supérieure fraternité.

Ce libre accord se voit déjà sur la côte occidentale d'Afrique où le trafic licite de l'arachide et de l'huile de palme, en donnant une valeur au travail agricole des serviteurs, fait à la traite des esclaves la plus efficace des concurrences. Sous la forme licite d'engagement temporaire, cet accord s'observe encore dans les colonies anglaises et françaises qu'avait d'abord inquiétées et troublées l'abolition de l'esclavage. A l'aide des immigrants, la production se maintient, se développe même. D'après ce début, si imparfait qu'il soit, l'Inde et la Chine, l'Afrique également, s'annoncent comme des pépinières d'hommes libres qui pourront, sous le haut patronage des blancs, remplacer au besoin les esclaves, sans qu'il y ait à craindre que le travail et l'espace manquent à personne. Dans cette conclusion, fondée sur la géographie, se résoudra tôt ou tard la guerre civile des États-Unis, sujet d'étonnement et de deuil pour la science économique qui, infidèle à ses propres doctrines, se livrait à une admiration sans réserve d'un pays souillé par l'esclavage.

§ 7. — *La Liberté des Échanges.*

Dans cette lutte fratricide se trouve engagée aussi une question de tarifs qui préoccupe le monde entier sous les noms de *liberté des échanges*, *protection*, *prohibition*, *traités de commerce.* La géographie, consultée, vote pour les solutions libérales. Elle les justifie par le tableau que nous avons dressé des matières d'échange qui font de tout pays le complément naturel des autres ; de cette loi naît une division du travail entre les zones, les régions, les nations, qui attribue à chacune, non pas une spécialité, comme on le dit trop souvent, mais des séries de spécialités, où chacune réussit mieux, ce qui lui assure la supériorité dans le prix de revient et la qualité du produit. C'est une sorte d'organisation, méthodique quoique toute volontaire, du travail universel.

La libre circulation à travers le monde des produits locaux, devenant des matières échangeables, est aussi nécessaire que la libre circulation des autres éléments de la planète, les vents, les flots, les fluides magnétiques ou électriques, les hommes même et les animaux. Ce libre mouvement est la condition pivotale de la plénitude d'existence pour tous les êtres, y compris les sociétés humaines : la politique ne peut lui faire violence sans qu'il en résulte de grandes perturbations dans l'équilibre général des fonctions économiques : ici l'exubérance, là les privations; partout encombrement ou disette. C'est qu'en prenant appui sur la nature pour la diriger, la greffer même, l'homme décuple ses forces; en prétendant la refouler, il s'affaiblit et se diminue.

Mais en fournissant à ces vérités doctrinales, qui sont les plus solides leçons de l'économie politique, l'autorité des faits observés sur la surface entière du globe, la géographie enseigne à ne pas limiter la virtualité productive de chaque pays à ce qu'il produit spontanément ou avec peu de travail à un moment donné de l'histoire. Elle constate, au contraire, dans les peuples et les lieux, de multiples facultés en germe, mais pouvant s'épanouir ; et, pour beaucoup de plantes et d'animaux, des aptitudes d'acclimatation à utiliser. Elle approuve donc les efforts intelligents pour développer, au prix même de quelques sacrifices temporaires, les propriétés latentes des races, des terrains, des climats; par de nombreux exemples, elle autorise l'agriculture et l'industrie à conquérir des richesses qui sont le fruit des efforts humains plutôt que des dons naturels, sans prétendre pour cela faire violence aux lois certaines de la nature. Et l'on sait quel utile concours les explorateurs du globe, marins, voyageurs, missionnaires, consuls, tous géographes par état, prêtent aux sociétés et aux jardins d'acclimatation.

La géographie, tout en justifiant la liberté des échanges, n'en méconnaît pas les conditions. D'une libre, facile et rapide viabilité, elle fait le gage de la prospérité générale. Sans la sécurité et la neutralité des

détroits, et des isthmes, sans un large développement, au profit de tous, des voies ferrées et des paquebots, les pays les plus faibles seraient absorbés par les plus forts, et les produits importés seraient payés, non plus avec les produits exportés, comme le veut la théorie, mais avec le capital, ce qu'elle n'aperçoit pas. Bientôt l'épargne, bientôt le territoire lui-même, passeraient aux mains des créanciers importateurs. Le géographe découvre çà et là, en Portugal, à Madère et ailleurs, une partie du sol national aux mains de propriétaires étrangers qui l'ont reçu pour prix de marchandises vendues, et elle en donne avis à l'économie politique pour qu'elle y veille.

§ 8. — *La Crise cotonnière.*

Un dernier exemple, emprunté aux événements actuels, montrera l'intime alliance des deux sciences. Pourquoi une funeste crise accable-t-elle depuis un an l'industrie des cotons? Parce que la matière première n'est plus fournie, en suffisante quantité, par les États dissidents de la confédération américaine, qui en avaient le principal et presque unique marché d'approvisionnement. Cette crise aurait été certainement prévenue, si les diverses régions du globe, où les géographes avaient constaté la production spontanée ou facile du coton, eussent été cultivées. On s'avise enfin du remède, mais avec précipitation et incohérence, pressé que l'on est par le besoin, et l'on fait moins bien que si l'on eût mis le temps nécessaire. On se jette sur l'Inde, l'Australie, le Sénégal, la Guyane ; on surexcite l'Égypte : on pourrait recourir à près d'un tiers de la terre habitable. Toute l'Afrique, la majeure partie de l'Océanie, une moitié de l'Amérique, un tiers de l'Asie, presque tout le rivage méditerranéen de l'Europe, se prêtent à la culture de ce textile, auquel on peut en associer beaucoup d'autres dont la nature s'est montrée prodigue.

Mais les races indigènes ne sortiront nulle part de leur torpeur et de leur ignorance sans une initiation extérieure : c'est à l'industrie civilisée à la donner.

Les mêmes conseils et les mêmes remèdes s'appliquent aux autres productions et fabrications sujettes à des déficits : les céréales, les légumes, les fruits, les soies, les tabacs, les teintures, etc. Plus que jamais est vrai le mot du fabuliste :

« Travaillez, prenez de la peine;
C'est le fonds qui manque le moins. »

Mais cela s'entend du travail réparti sur la surface de la planète, et non pas concentré et accumulé à outrance sur quelques points, avec le vide à l'entour : celui-ci fait les crises et l'autre les prévient ou les guérit.

Conclusion.

Des considérations qui précèdent ressort, avec l'autorité des faits, la démonstration de l'utilité de la géographie pour l'étude de l'économie politique ; on a pu aussi entrevoir, par quelques perspectives que je n'ai pas voulu développer, son application à la politique ; je nommerai seulement la question des nationalités. A titre de connaissance matérielle et morale des lieux, elle mériterait donc d'occuper dans l'éducation, dans les bibliothèques, dans la presse, dans les cours publics, plus de place qu'il ne lui en est donné. Elle n'est qu'estimée, tandis qu'elle devrait être populaire.

Ses leçons enseigneraient à l'industrie l'emploi utile et aux lois le respect des grandes harmonies du monde. Harmonies d'autant plus précieuses, ajouterai-je avec confiance, que de la solidarité entre tous les éléments de la terre découlent, comme une consolante conséquence, le devoir et l'intérêt de la paix entre les nations. Sous toutes les latitudes, les continents, les mers, les îles, les zones, les climats, sont complémentaires les uns des autres, et toute perturbation sur un point a son contre-coup ailleurs. Ces hautes vérités, nulle classe d'esprits n'est mieux disposée à les comprendre que les géographes, initiés par leurs études journalières à l'ordre matériel de la planète, symbole de l'ordre moral qui peut et doit y régner. L'économie politique ne peut que s'enrichir en les recevant de leurs mains comme les bases solides de ses propres théories, car pour elle, comme pour la géographie, l'observation et la statistique sont les instruments autorisés de recherches étendues et précises.

Que ces sciences se donnent donc la main, dirai-je en finissant, comme en débutant, au lieu de marcher séparément, presque étrangères l'une à l'autre!

OUVRAGES DU MÊME AUTEUR.

L'ÉCONOMISTE FRANÇAIS. Journal bimensuel en 1862 et 1863 et hebdomadaire à partir de 1864. — Prix d'abonnement pour 1864 : Paris, 18 fr. ; départements et Algérie, 22 fr. ; colonies et étranger, 25 fr. — Bureau, rue de Parme, 7.

HISTOIRE DE L'ÉMIGRATION EUROPÉENNE, ASIATIQUE ET AFRICAINE AU XIXe SIÈCLE ; ouvrage couronné en 186[illegible] par l'Académie des sciences morales et politiques. — 1 volume in-8. Prix 7 fr. 50. (*Guillaumin.*)

GHEEL, OU UNE COLONIE D'ALIÉNÉS VIVANT EN FAMILLE ET EN LIBERTÉ. — 1 vol. in-12. Prix : 2 fr. (*Guillaumin.*)

L'ALGÉRIE.— Un vol. in-18, avec une carte de la Colonisation algérienne. Prix : 3 fr. (*Hachette.*)

CATALOGUE EXPLICATIF ET RAISONNÉ DES PRODUITS ALGÉRIENS. — In-8°. (*Épuisé.*)

Paris. — Imprimerie de E. MARTINET, rue Mignon, 2.

www.ingramcontent.com/pod-product-compliance
Ingram Content Group UK Ltd.
Pitfield, Milton Keynes, MK11 3LW, UK
UKHW021105260726
13994UKWH00002B/711